300%
질문 경영

가장 단순하고 가장 강력한 성과 전략

300% 질문 경영

초판 1쇄 인쇄 2023년 1월 16일
초판 1쇄 발행 2023년 1월 20일

지은이 박병무

발행인 백유미 조영석
발행처 (주)라온아시아
주소 서울특별시 서초구 효령로 34길 4, 프린스효령빌딩 5F

등록 2016년 7월 5일 제 2016-000141호
전화 070-7600-8230 **팩스** 070-4754-2473

값 13,500원
ISBN 979-11-6958-021-2 (04320)
979-11-6958-024-3 (세트)

300% 질문 경영

가장 단순하고 가장 강력한 성과 전략

박병무 지음

TOO POWERFUL !

TOO EASY !

TOO SIMPLE !

RAON BOOK

프롤로그

직원들의 혁신을 기대하고 있는가?

기업에서 근무한다는 것은 생계 수단 외에도 많은 가치를 지닐 수 있는 일이다. 필자도 30년 이상 기업에 몸담아 희로애락을 지나왔다. 그중 굴지의 외국계 회사에서 근무했던 경험은 더 특별했다. 임직원의 창의와 혁신을 불러일으키는 리더십, 동반 성장을 장려하고 주인 의식을 함양케 하는 기업문화 속에서 26년 이상 근무했다. 말단 사원으로 시작해 전무이사로 임하는 순간까지 직접 체득한 기업 경영 노하우는 지금에 이르러 다양한 국내 기업 강연을 통해 가치를 전달하는 밑바탕이 되었다.

강연을 하고 나면 강연을 들은 대부분의 사람들이 내용은 충분히 이해하고 공감된다고 한다. 그러나 강의를 들은 이들에게 회사에 실제로 적용해 보라고 하면, 아직 자신들의 회사가 시도하기에는 적합하지 않다고 한다. 오히려 필자가 근무한 회사는 여건이 잘 갖춰진 좋은 외국계 회사여서 그 같은 문화를 잘 실천할 수 있지 않느냐는 반문을 받곤 했다.

하지만 그것은 사실이 아니다. 직원들이 일에 대한 재미를 느끼고 혁신을 자극받으며 소통을 잘하게 하는 것이 기업의 매출 규모, 회사의 국적, 직원의 학력과 무슨 관련이 있겠는가? 바로 이 같은 반문이 필자가 2016년부터 국내 회사에 '질문 경영'을 접목시켜 성공적인 성과 사례들을 만들어 낸 계기가 되었다.

이 책에서는 국내 회사에 적용한 다양한 경영 노하우 중 특히 '질문'을 함으로써 직원들의 혁신을 통한 성장을 이루어 낸 사례를 중심으로 다루었다. 언제든지 질문할 수 있는 문화를 만들어 가는 '질문 경영'이라는 이 책의 내용이 성장을 고민하는 모든 분들께 도움이 되길 바란다. 특히 대기업에 비해 상대적으로 어려운 환경 속에 불철주야 최선을 다하고 있는 중소·중견기업의 리더들이 혁신을 원하고 있다면 분명히 이 책이 큰 도움이 될 것이다.

2022년 12월

박병무

차 례

2장

질문 경영 챌린지 1 : 지시 대신 질문하라

3장

질문 경영 챌린지 2 : 질문 경영의 핵심

4 장

10배 성장을 일으킨 질문 경영 사례

TOO SIMPLE !

TOO POWERFUL !

TOO EASY !

TOO SIMPLE !

TOO POWERFUL !

TOO EASY !

1장

엔드 코로나 시대,
왜 판을 바꾸는
'질문 경영'인가?

99% 중소·중견기업 대표가 모르고 있는 '판의 이동'

취업난 속의 중소·중견기업 구직난 미스매칭

2021년 취업 사이트 '알바몬 잡코리아'가 국내 4년제 남녀 대학생 1,600명을 대상으로 취업 희망기업을 조사한 결과, 상위 기업군은 카카오, 네이버, 당근마켓 등 주요 IT기업의 뒤를 이어 CJ제일제당, 삼성전자, LG전자 등 전통적인 대기업과 한국전력, 한국가스공사 등의 공기업이 차지했다.

취업준비생들의 대기업·공기업 쏠림현상은 어제오늘의

이야기가 아니다. 다만 대형 IT기업 선호가 늘고 '네카라쿠배당토직야(네이버, 카카오, 라인, 쿠팡, 배달의민족, 당근마켓, 토스, 직방, 야놀자)' 등 신흥 IT기업의 약진이 눈에 띈다.

이들 상위 그룹의 인기 비결은 분명하다. 높은 연봉과 안정적인 복지 시스템, 사회적 성취와 개인적 개발과 비전의 충족과 기대 때문이다.

그러나 취준생들이 선호하는 기업 채용 규모는 전체 취준생의 5% 미만에 불과하다. 대부분 중소·중견기업 일자리를 찾을 수밖에 없는데 실제로 중소·중견기업들은 계속되는 취업난 속에서도 인력난을 호소하고 있다. 특히 근로자 300인 미만 중소기업들은 인재를 영입하고자 각고의 노력을 기울이는 실정이다.

대기업, 중소·중견기업 구분

여기서 중소·중견기업과 대기업의 차이점과 구별 기준을 알아보자. 먼저 한국의 중소·중견기업과 대기업의 의미를 살펴보자. 중소기업은 소유·경영의 독립성을 확보한, 상대적으로 작은 규모의 기업을 말한다. 중소기업법 시행령에서는 업종별 규모 기준을 정하고 있지만 대체로 근로자 수 300인 미만, 자본금 30~80억 원 미만, 매출액 50~300억 원으로 볼 수 있다.

중소기업에서 소기업은 업종별 구분이 있지만 일반적으로 상시 근로자 수 50~10인 미만이다. 중견기업은 대기업과 중소기업의 중간 위치로 3년 평균 매출액 400~1,500억 원 이상, 자산 5,000억 원 이상이다(한경 경제용어). 대기업은 자산 10조 원 이상과 종업원을 갖추고 대규모 매출을 올리는 기업으로 공정거래위원회에서 지정한 상호출자제한기업집단이다.

2013년 통계청 자료를 활용한 '우리나라 기업 생태계 분석'에 따르면 대기업이 4,375개(0.1%), 중소기업이 537만 3천 개(99.9%)다. 이를 보면 우리나라 대부분의 직장인이 중소기업에 취업하고 있다는 것을 알 수 있다.

중소기업의 인재·기술 유출 우려와 스타트업과의 경쟁

취업·이직 시 가장 중시하는 요소로 응답자의 66.7%가 연봉을 1위로 꼽았고 워라밸 가능 여부가 34.2%로 2위를 차지했다. 취업포털 '사람인'이 발표한 2022년 중소기업 대졸 신입사원 평균 연봉은 2,881만 원(세전 기본급 기준)으로 대기업 5,356만 원보다 2,475만 원(54%)이나 적었다. 취준생들의 취업희망 민간기업 유형으로는 대기업(37.6%), 유명 벤처기업(36.6%), 유니콘(기업가치가 1조 4천억 원 이상인 스타트업(10.6%), 중견기업(8.3%), 중소벤처기업(4.3%) 순이었다.

중소기업 입장에서는 대기업과의 월급 격차, 저조한 취업 순위, 보장하기 어려운 워라밸 등 때문에 역대 최악의 취업난인 현재도 구인난은 기본이고 수 년 이상 교육받고 경력이 쌓인 인력의 중견·대기업으로의 유출문제도 매우 심각하다. 중소기업에는 초보·단순 인력만 남아 기술경쟁력과 생산성은 계속 저하되고 이 같은 극심한 인력난으로 기술유출 위험을 감수하고 중국, 인도, 베트남 등의 해외인력에 의존하는 업체가 늘고 있다.

설상가상 서울시와 중소기업지원 기관인 SBA(서울산업진흥원)가 스타트업과 구직자 지원을 위한 '스타트업-인재 매칭 지원' 사업을 추진하고 대학별 맞춤형 스타트업 캠페인을 활발히 전개해 낮은 인지도로 구인난을 겪는 스타트업이 중소기업의 경쟁 대상이 되고 있다. 중소기업 취업난을 덜어주기 위해 정부·지자체도 많은 홍보·지원을 펼치지만 힘든 실정이다.

핵심은 중소기업 경영인의 리더십 변화

2014년 기준 국내 매출 상위 100대 기업(상장사 법인기업 55만 개 중)의 매출액 비중은 53.5%, 영업이익 비중은 62%로 심한 대기업 편중 현상을 보인다. 기업 수나 고용에서는 중소·중견기업이 대부분(약 99%)을 차지하지만 매출과 영업이익의 절반 이상을 대기업이 차지하므로 중소기업도 생산성과 효율 향상 방법에 관심을 기울여야 한다. 우리 중소기업의 발전이 대만처럼 이뤄져야 한다고 말하지만 대기업에 의존하는 현실이고 중소기업과 대기업 간 경쟁 등 여러 복합적인 문제로 한계에 봉착한 실정이다.

많은 학자와 전문가들이 대기업과 중소기업 간의 문제점을 수없이 지적하고 문제해결 방안도 제시했지만 제대로 실행되어 해결된 것을 아직 들어본 적이 없다. 이 문제해결이 어렵다기보다 정치적, 경제적, 사회적으로 얽히고설켜 해결하려는 의지가 부족하다고 본다.

따라서 나는 근본적 해결은 쉽지 않고 그 해결을 기대하는 데도 많은 시간이 필요하다고 보기 때문에 중소기업 스스로 할 수 있는 경영자의 리더십 변화로 직원 간 능력을 최대한 끌어올려 대기업과의 생산성 격차를 줄이고 혁신을 유도해 매출액 증대와 영업이익 극대화라는 '두 마리 토끼'를 잡는 방안을 제안하고자 한다.

질문 경영이 창조한 ○○배 성장

중소기업의 열악한 경영환경

중소기업의 경영환경은 매우 열악하다. 대기업으로부터 1, 2차 하청 받은 일감으로 회사를 운영해 지나친 요구에서 자유롭지 못한 구조다. 자본, 기술, 인적 자원 등은 심각한 열세이며 대기업이 중소·중견기업 업종까지 침범하기도 한다.

수익성과 생산성은 대기업과는 도저히 비교할 수 없고 브랜드 파워도 없어 중소기업은 한국에서 생존하는 것 자체가 참으로 어려운 실정이다. 중소기업을 창업해 인력을 고용하고 매출을 유지해가며 여기까지 버텨온 것만도 대단하다. 중소기업 사장님들께 경의를 표한다.

내가 아는 P 중소기업 사장님은 연 250억 원 매출에 90여 명의 직원과 20여 년 동안 제조업을 하고 있는데 유통시장 변화, 최저임금의 급상승, 원가 상승에도 판매가 고정에 따른 마진 감소, 직원 이직률 증가, 고용의 어려움, 큰 기업의 급작스러운 공급 중단 등의 생존 위협에 시달려 지속 가능 성장에 대한 자신감마저 떨어져 진퇴양난을 하소연했다. 과연 해결책은 없을까?

지시형 리더십의 긍정적 요소

이런 상황에서 여기까지 회사를 유지·발전시킨 핵심 요인은 강력한 지시형 리더십이다. 열악한 경영환경에서 모든 리스크를 안고 독자적 사업 방향 결정과 스피드로 승부를 내는 과정에 겪었던 과거 경험, 노하우, 세부 사업 내용, 제품 특징, 거래처 등을 이미

다 꿰고 있는 사장은 빠른 결정과 빠른 실행력을 모토로 직원에게 구체적으로 업무를 지시하고 직원은 좌고우면하지 않고 시키는 일만 주어진 시간 내에 끝내 원하는 성과를 이룩해 왔기 때문에 초창기 지시형 리더십의 장점을 충분히 살린 것이다.

지시형 리더십하에서는 대체로 결과가 빨리 나오고 성과도 일정 부분까진 잘 나오므로 지시형 리더십 효과에 자족하고 습관화되어 간다. 실제로 중소기업 사장님을 만나 이야기해 보면 척박한 환경에서 사업을 시작해 여기까지 키워 온, 성공에 대한 자부심이 매우 크다.

이 같은 성공 요인을 물어보면 자신의 직관(Insight), 매 순간의 대담한 결정, 구체적인 업무 지시·점검의 리더십, 일밖에 모르는 근면함 등을 말한다. 하지만 여기서 직원과의 협력 내지 노력이 빠져 무척 아쉬운데 직원들이 자신의 지시대로만 실행해 직원들의 중요성을 별로 못 느낄 수도 있다고 생각한다.

지시형 리더십의 부정적 요소

그러나 오늘날 시장경쟁은 매우 치열하다. 또한 시대의 변화로 인해 세대의 관점, 특히 MZ 세대들의 관점도 변했다. 기업의 라이프사이클에서도 성장·성숙기에서는 지시만으로는 기업의 발전과 혁신을 이룰 수 없다.

지시형 리더십은 긍정적 요소와 부정적 요소를 가지고 있는데, 지시형 리더십이 가지고 있는 부정적 요소는 융합적 사고가 필요한 오늘날과 맞지 않는다. 지시형 리더십에서는 직원의 창의와 혁신이 필요 없다. 혁신적인 일을 했다가 잘못되면 심한 질책을 받으므로 시키는 일만 잘하면 된다고 안주하게 만들기 때문이다.

예를 들어보자. 직원들은 100% 잠재적 업무 능력을 가진 채로 회사에 입사한다. 이들은 새로 경험해 보는 회사의 환경에 적응하고, 업무에 익숙해지는 과정에서 시행착오도 겪어가며 어리숙했던 신입 시절을 대부분 겪는다.

그런데 이 시간들을 지나면서 오랫동안 리더의 지시만 받고 일해왔다고 하자. 일에 수동적으로 반응하게 되고 혁신적인 일을 해보지 못했다면 잠재적 능력을 50~60%밖에 발휘하지 못하며 회사에 다니지 않았겠는가.

이처럼 지시형 리더는 평소 직원들에게 일을 시킬 때 명령과 지시를 통해 하기 때문에 직원들을 수동형으로 만들어 버린다. 그런데 그런 리더십을 발휘하신 리더들이 우리 직원들은 시키는 일만 할 줄 알지 창의적이고 혁신적인 일은 아예 안 한다며 종종 불평하는 우스운 상황이 벌어진다. 그 리더십이 그렇게 만든 자업자득인데도 불구하고 정황을 깨닫지 못한 채 투덜거리고 끝나는 것이다.

조직혁신의 지름길
- 질문 경영

중소·중견기업이 초창기에 사업 기초를 만들 때는 일사불란하게 실행하고 성과를 내야 해 지시하는 강력한 리더십이 필요할 수 있다. 시간 지체가 비용이고 속도가 경쟁력이기 때문이다.

그러나 리더가 시간의 한계에 부딪혀 개인의 직관에 의존하는 것이 어렵거나 고도의 효율·생산성이 요구될 때 시대·세대가 요구하는 조직혁신을 가져오는 경영을 위해서는 무엇이 필요할까? 나는 그 답을 질문하는 리더십, 질문 경영에서 찾고자 한다.

AI보다 강력한 질문 경영

직관의 의미

나는 질문하는 리더십의 제1 요건은 직관이라고 생각한다. 직관의 사전적 의미는 통찰력, 식견이다. 비즈니스 관점에서 나의 재해석은 '문제를 구체적으로 해결하기 위해 의도를 명확히 파악하고 문제 아래 숨겨져 있는 진실을 발견하는 것'이라고 말하고 싶다.

여기서 핵심은 '숨은 진실(Hidden Truth)'을 발견하는 것이다. 주로 사용하는 '왜(Why)'라는 질문을 통해 지금까지 몰랐고 보지 못했던 사실을 알아내는 과정이다. 따라서 직관을 확대해석하면 마케팅에서 사용하는 소비자의 '충족되지 않은 니즈(Unmet Needs)'와 유사한 개념이고 인간관계에서 배려까지 포함된다고 주장하고 싶다.

'충족되지 않은 니즈'는 불특정 다수 소비자의 충족되지 않은 희망 사항을 찾아내 충족시켜 주는 것이다. 내가 아닌 상대방의 입장, 바람, 희망 사항을 알아내 그것을 제공하거나 해결해줌으로써 상대방이 만족하기 때문이다.

사우스웨스트항공 CEO와 직원의 직관

직관 소유자는 매우 스마트하고 공감 능력도 있어 특별한 사람으로 인식되는 경향이 있다. 숨은 진실을 잘 찾아내는 능력을 갖추었기 때문이다. 저가 항공사 모델을 제시해 항공업계의 블루오션 개척자로 불리는 사우스웨스트항공 CEO 게리 켈리(Gary Kelly)가 겸손 리더십으로 직원들이 항공사의 숨은 진실을 찾아내게 해 회사 비용절감에 이바지한 사례를 소개하겠다.

사우스웨스트항공 직원이 제안해 고객 불만 없이 1년 동안 무려 4,200만 달러(588억 원)의 항공유 비용을 절감한 내용이다. 그 직관 내용은 모든 항공사가 이륙부터 착륙까지 제시한 시간까지 맞추기 위해 속도 경쟁을 벌였는데 승객 입장에서는 도착 장소의 안전한 착륙이 가장 중요하지 예정 시간보다 5분 늦게 도착해도 불평불만이 없다는 것이다. 그럼에도 정시에 도착하려는 모든 항공사는 이륙 시 엄청난 속도로 항공유 소비가 많다는 사실이다.

사우스웨스트항공은 '5분 늦게 도착' 규정하에 모든 항공기를 운행했더니 승객의 불만도 없고 이륙 시 부담도 줄었으며, 항공유 소모도 절감되었다. 당시 항공업계가 매우 어려워 감원 바람이 불던 환경에서 비용절감 노력의 일환이었지만 그 직원만큼은 속도 경쟁에 대한 의문에서 맞이한 대박이었다. 이는 CEO와 직원의 직관의 산출물이 가져온 결과를 잘 보여준다.

질문형 전략이 만드는 선순환 구조

직관이 있는 리더(오너)는 결국 질문형 전략을 쓰고 그가 이끄는 조직은 질문을 활발히 주고받으며 문제해결을 시도하고 수평적 소통을 나눈다.

위 사례처럼 질문형 전략은 오너와 직원 모두를 발전시키며 이 발전은 조직의 발전이라는 선순환 구조를 만든다. 중소기업에 필요한 역량이 이것이다. 질문하는 리더십, 직관을 갖춘 리더는 매출증대를 부르고 직원의 가치를 인정해 직원의 자발적이고 긍정적인 변화를 가져온다.

리더들에게 더 필요한 질문형 리더

지시형 리더십의 오너가 생각하는 성공 요인, 지시

우리나라 기업 리더들에게 자신들이 지시형 리더십인지 질문형 리더십인지 이분법적으로 한정해 물어보면, 아마 대부분 전자라고 대답할 것이다. 오늘날 대기업보다 열악한 경영환경에서 성장 중인 기업이라면 그 오너는 자신의 직관과 판단, 결정으로 모든 사업 영역을 이끌어와 직원들에게 지시하고 검토해 역경을 이겨냈을 것이다.

이렇게 어려운 상황을 이겨내고 기업을 안정적으로 만든 것은 무척이나 대단한 것이다. 그러나 아쉽게도 이런 경험으로 기업을 성공적으로 운영했다면, 대부분 자신만의 성공 요인을 더 확실히 인식하는 경우가 많다. 이 같은 리더는 직원에게 일을 맡기지 않고 지시하며 시켜야 하고 시키지 않으면 직원들이 대충 일하고 시간을 낭비할 거라고 의심하게 된다.

리더들에게 중요한 질문의 가치

중소기업 CEO들을 컨설팅 해 보면 대부분 밤낮 안 가리고 열심히 일한다. 출근하자마자 직원들에게 이거 해라, 저거 해라 지시하고 지난번 시킨 일은 어떻게 되었는지 묻다 보면 하루가 금방 지나가고 이렇게 열심히 일하는데도 성과는 신통치 않고 직원들은 시킨 일만 하고 그나마 수행 만족도도 낮다.

신입직원을 뽑기 힘들고 이직률까지 꾸준히 높은데 그나마 좋은 거래처를 확보했거나 브랜드가 유명해 성과가 좋은 회사의 리더조차 급변하는 환경, 치열한 경쟁에서 직원의 창의와 혁신으로 돌파해야 하는데 그것을 기대하기도 어려워 오너 자신의 직관으로 업계 현황, 매출목표, 아이템 개발 등의 일을 시켜야 하니 한심하다고 푸념한다.

오랫동안 그렇게 해왔고 그런 관습에 익숙해 회사 실적만 좋으면 금방 잊어버리기 십상이다. 이 같은 고민을 하는 리더는 질문형 리더십으로 바꿀 것을 조언한다.

글로벌 리더십 교육기관 CCL(창조적 리더십센터)에서 성공한 글로벌 기업 CEO 119명을 대상으로 '성공하는 리더의 필수 덕목' 설문 조사(출처: IGM 세계경영연구원, 《세상의 모든 CEO가 묻고 싶은 질문들》, 위즈덤하우스, 2012) 결과, 놀랍게도 1위는 '질문하는 리더'였다. 직관, 비전 창출, 전략적 사고, 시간관리, 자기계발 등의 답변이 예상되었는데 질문의 가치를 더 높이 평가한 것이다.

아울러 '질문하는 분위기를 만드는 리더', '질문할 기회를 놓치지 않는 리더'라는 답변도 4위, 6위에 올랐다. 그만큼 리더들에게 질문은 중요하다고 할 수 있다.

세계적 CEO와 석학자들이 강조하는 '질문'의 힘

수많은 석학자가 질문의 중요성을 설파하고 있다. '경영학의 대가'인 피터 드러커(Peter Drucker)는 '과거의 리더는 지시하는 사람이지만 미래의 리더는 질문하는 사람이다'라고 주장했다. 시장이 빠르게 변하고 관계도 복잡해지는 미래에는 지시만으로는 한계에 부딪힌다는 것이다.

유대인들은 전 세계 인구의 0.4%에 불과하다. 그럼에도 노벨상의 20% 이상, 전 세계 부의 30% 이상을 차지하고 있다. 이들이 전 세계에 많은 중요한 부분을 차지하는 비결은 교육을 통해 '질문과 질문하는 법'을 배운 것이다.

이스라엘 어머니들은 아이가 학교에서 돌아오면 "오늘은 학교에서 뭘 배웠니?"라는 묻기보다 "오늘은 무슨 질문을 했니?"라고 묻는다고 한다. 아이 스스로 생각하게 해주는 것이 올바른 교육의 시작이고 전 세계를 이끄는 리더를 만드는 비결이었다.

2019년 노벨상 수상자 윌리엄 케일린(William Kaelin Jr.) 하버드 의대 교수가 노벨상을 목표로 하기보다 훌륭한 질문을 던지고 체계적으로 연구하고 자신의 연구를 객관적으로 바라보고 스스로 비판하는 자세가 필요하다고 역설했듯이 노벨상조차 질문에서 시작된다는 것이다.

마이클 마쿼트(Michael J. Marquardt)의 《질문 리더십》(최요한 역, 유순신 감수, 흐름출판, 2006)에 대한 서진영 박사의 서평 글 중에 이런 내용이 있다. 래리 윌슨(Larry Wilson) AON 컨설팅 창업자 겸 부회장은 대뇌의 신피질은 불과 2천 년 전에 생긴 뇌의 가장 새로운 부위로 우리가 뇌의 5%만 쓴다고 말할 때 바로 이 부위를 가리킨다. 인간의 '새로운 뇌'가 하는 일은 오래된 뇌를 통제하고 지배하는 것인데 그 방법은 질문하는 것이라고 했다.

포드(Ford)의 전 CEO 도널드 피터슨(Donald Petersen)은 "질문을 정확히 제기하는 능력은 리더가 갖춰야 할 가장 중요한 역량이다"라고 했고 존 코터 하버드대 교수는 "유능한 리더와 평범한 팀장의 결정적 차이는 유능한 리더는 올바른 질문에 집중하는 반면, 평범한 팀장은 그 질문의 답에만 매달린다는 것이다. 답에 매달려 올바른 질문의 중요성을 망각하면 곤란하다. 성공한 리더는 올바른 질문 없이 올바른 답이 없음을 잘 알고 있다"라며 역량을 강화시키는 최고의 방법은 질문이라고 했다.

델 테크놀로지스의 회장인 마이클 델(Michael Dell)은 "질문을 많이 하면 새로운 아이디어가 샘솟고 결국 그것이 경쟁우위가 된다. 그래서 지위고하를 막론하고 의사소통이 반드시 자유롭게 이뤄져야 한다"라고 했다. GE 전 회장 잭 웰치(Jack Welch)는 "리더는 반드시 최고, 최다 질문자가 되어야 한다"라고 했다.

짐 콜린스(Jim Collins)는 자신의 저서 《좋은 기업을 넘어 위대한 기업으로》(이무열 역, 김영사, 2002)에서 "위대한 기업의 리더는 매우 겸손하고 끈질기다. 위대한 리더는 겸손한 태도로 모르는 것을 숨기지 않는다. 또한, 한두 마디 질문으로 충분한 데이터를 얻지 못한다는 것을 안다. 그들의 성공 비결은 누구를 만나든 모든 이에게 질문부터 하는 습관이다. 그래서 언제 어디서든 질문하는 리더는 기업의 위대한 도약을 이끌 가능성이 크다"라고 했다.

21세기 미래형 리더의 탄생

앞의 사례들에서 보듯이 이제 질문은 21세기형 리더에게 매우 중요한 덕목이 되었다. 과거와 달리 질문형 리더가 가장 필요한 사람은 리더 자신들이다.

사장을 포함한 모든 리더는 이 책 끝의 사례를 보고 과거형 리더로 남을지 미래형 리더가 될지 판단해도 좋을 것이다. 여전히 독자가 판단할 몫이다.

TOO SIMPLE !

TOO POWERFUL !

TOO EASY !

TOO SIMPLE !

TOO POWERFUL !

TOO EASY !

2장

질문 경영 챌린지 1
: 지시 대신 질문하라

'질문 경영'의 시작
– 올바른 질문

리더의 올바른 질문 역량

올바른 답을 얻는 방법은 단순하다. 올바른 질문을 하는 것이다. 질문만 정확하게 한다면 꼭 모든 것에 대한 지식을 알 필요가 없을 것이다. 질문을 통해 내용의 대부분을 이해할 수 있기 때문이다. 질문을 잘하는 것도 역량이므로 상황에 맞는 질문 내용, 목적에 따른 질문 요령 등도 학습해야 한다.

하버드대 경영대 교수 존 코터(John Kotter)는 질문하는 역량만으로도 리더와 관리자를 구분할 수 있다고 했다. 그는 《기업이 원하는 변화의 리더》(한정곤 역, 김영사, 2017)에서 다음과 같이 주장했다. "리더와 관리자 사이에는 큰 차이가 있다. 리더는 올바른 질문을 하고 관리자는 듣기만 한다. 올바른 질문을 하는 리더는 해야 할 일을 안다. 관리자는 질문을 받아야만 해야 할 일을 안다."

케네디 전 미국 대통령은 1961년 취임사에서 국민에게 "조국이 나를 위해 무엇을 할 수 있는지 묻지 말고 내가 조국을 위해 무엇을 할 수 있는지 물으십시오"라며 새로운 질문을 할 것을 독려했다. 국가를 바꾼 참으로 훌륭한 질문이 아닐 수 없다. 질문에는 놀라운 힘이 있다. 케네디 전 대통령의 이 말을 들은 모든 사람들이 자신이 중요하다 여기는 가치와 우선순위를 다시 세웠으니 말이다.

주인 의식에서 잉태되는 자기 결정권

질문은 직원들을 시키는 일의 실행자에서 주인 의식(Ownership)으로 능동적으로 일하게 하는 리더십 기법임을 알아야 한다. 사람은 누구나 '자기 결정권'이 있다. 그렇다면 그가 그 일의 책임자이거나 관리자라면 지시보다 질문을 통해 그 책임자가 아이디어를 제시해 답변하게 함으로써 서로 같은 생각에 맞장구쳐주고 동의해 준다면 그 생각은 책임자의 자기 결정이므로 신바람 나게 일하지 않겠는가?

물론 질문하는 것보다 지시할 때 일이 더 효율적으로 진행되는 것처럼 보일 수 있다. 하지만 항상 상사가 지시만 한다면, 그 밑에 있는 부하직원은 본인의 일에 자신이 결정할 권리가 없다고 여기게 될 것이다. 시키는 일만 수동적으로 하는 사람처럼 느껴져 의욕이 떨어져 심하면 회사를 떠나게 된다.

그 같은 현상이 반복되고 몇 년이 지나면 자신의 능력을 100% 발휘하지 못하게 되고 창의적이고 혁신적인 일이 불필요하다고 생각해 발휘할 기회도 갖지 못해 그 같은 일을 요구하더라도 발휘되기 어렵다. 더욱이 시간이 지나면 그의 능력이 많이 줄어드는데 안타깝게도 자신은 능력 저하를 실감하지 못한다. 그렇기 때문에 리더는 적극적인 질문을 통해 직원이 답변하게 하고 그 답변에 동의하면 그 일을 할 수 있는 환경을 만들어줘야 한다.

질문을 통한 동의와 협조로 목표 달성하기

회사에서 빈번한 영업본부장과 팀장의 영업 실적 관련 갈등 사례를 살펴보자. 10월 중간 영업 실적이 저조하자 영업본부장이 팀장을 불러 거래처 현장을 방문해 거래처의 불만 사항과 문제점을 파악해 보고하게 하고 이번 달에 100% 목표 달성을 해야 한다는 지시성, 질책성 심리적 압박을 주면 팀장은 지시받은 대로 거래처의 불만 사항과 문제점과 핑곗거리를 만들어 보고하면서 심리적으로 본부장도 이미 알고 있고 보고도 드렸으니 일종의 면책을 받았다고 여길 것이다.

그러므로 100% 목표 달성 또는 거의 달성을 위해서는 다음과 같은 질문형으로 바꿔야 한다. "김 부장, 이번 달 목표와 실적 차이는 얼마인가? 그 차이의 원인이 뭐라고 생각하는가? 예상하는 실적은 얼마인가? 그 차이를 줄이려면 어떡하면 되는가? 내가 무엇을 도와주면 되나?"

이렇게 질문해가면 저절로 김 부장의 아이디어로 그 차이를 줄이거나 목표를 달성할 수도 있을 것이다. 또한, 본부장의 도움(추가 예산, 상급자 미팅을 통한 협조 등)을 받는다면 일이 훨씬 쉬워질 것이 분명하다. 결국 해답은 질문을 통한 동의나 협조로 실행자 스스로 새로운 아이디어를 개발하고 전문성도 백분 발휘할 뿐만 아니라 주인 의식으로 신바람 나게 일하게 되는 것이다. 조직에 긍정적 변화를 가져오는 것은 이같이 핑곗거리를 찾게 만드는 지시가 아니라 목표 달성에 한 발 더 다가가게 만드는 질문이다.

화목한 집안 분위기를 만드는 질문형 대화

이 같은 질문형 대화가 가져오는 변화는 기업에만 적용되는 것은 아니다. 기업뿐만 아니라 가정에서도 지시와 질문의 결과는 극명하게 나뉜다. 중학교 1학년인 진수는 학교 수업을 마치고 집에 오자마자 엄마에게 간단히 인사만 하고 제 방에 들어가 게임에만 열중한다. 그럼 엄마는 늘 이런 일이 반복되고 게임 때문에 아들과 갈등을 겪어와 걱정되고 화도 나 아들에게 "진수야, 너 학교 다녀오면 숙제하고 공부도 해야지 책가방 던져 놓고 게임만 하면 어떡하니?"라고 한다. 그럼 진수는 들은 척 만 척하거나 "내가 알아서 해. 웬 잔소리?"라며 신경질적으로 반응한다.

진수 모자의 갈등은 대부분의 가정에서도 흔할 것이다. 그것은 엄마가 질문하지 않고 지시해 진수의 자기 결정권을 침해했기 때문이다. 사실 학교에서 나름 스트레스받아 집에서 게임 먼저 하고 나서 숙제하고 공부할 생각이었는데 갑자기 엄마가 먼저 지시하는 바람에 하려던 마음조차 사라지고 반감만 부른 것이다. 그럼 더 즐거운 분위기에서 기대한 결과를 어떻게 만들 수 있을까? 결국 질문이다.

위의 사례를 재구성해 보자. 진수가 자기 방에서 열심히 게임하는데 엄마가 "진수야, 게임하고 나서 뭐할 거야?"라고 물으면 진수는 '갑자기 엄마가 왜 저러시지?'라면서 대부분 "게임 끝나고 숙제할 거야"라고 대답할 것이다. 진수가 이렇게 대답해오면 엄마는 엄마대로 기분이 좋아 "그래, 좋은 생각이다. 그럼 엄마는 진수가 좋아하는 부침개 준비할게"라면서 화기애애한 대화를 이어갈 수 있다. 지시 내리는 말투에서 질문하는 말투로 바꾸었을 뿐인데 아들과 엄마가 만드는 집안 분위기와 결과는 확연히 다르다. 우리 집에서는 주로 어떤 경우가 벌어지는가? 각자 판단할 일이다.

자발적 동기를 부여해 주는 질문의 힘

집안 부부간 사례를 하나 더 들어보겠다. 일요일 오전 9시, 아내가 가족에게 줄 아침 식사 준비로 바쁜데 남편은 두리번거리다가 소파에 앉아 아침 스포츠 중계를 열심히 보고 있다.

드디어 아침 식사로 계란말이, 고등어구이, 나물, 된장찌개까지 손이 많이 가는 맛있는 음식들을 한 상 가득 먹고 아내는 접시, 냄비, 구이판 등을 설거지하느라 바쁜데 남편은 바로 TV 앞으로 직행해 평소 즐겨 보는 〈순간포착 세상에 이런 일이〉를 시청하느라 정신이 없다.

남편은 속으로 '음식쓰레기를 갖다 버리고 재활용품도 정리해야지'라고 마음먹지만 좋아하는 TV 프로그램이 끝날 때까지 소파를 떠나지 못한다. 이에 은근히 화가 난 아내가

"여보, 재활용 분리수거도 하고 음식쓰레기도 좀 갖다 버려. 당신은 밥만 먹으면 어째 소파맨이야?"라고 쏘아붙인다.

자, 어떤 일이 벌어지겠는가? 일요일 아침부터 집안 분위기가 냉랭해지고 온종일 찜찜하다. 남편 입장에서는 자발적으로 할 일의 우선순위가 TV 시청이었을 뿐 자신이 해야 할 일을 생각하고 있었다. 다만 일의 순서가 아내의 기대와 달랐을 뿐이다. 갑자기 아내가 지시해버린 것이다.

남편은 내적으로 자기 결정권이 침해당해 하려고 생각해 둔 일도 갑자기 하기 싫어졌다. 이때 반응은 두 가지다. "알았어, TV 프로그램 끝나면 할게"라고 퉁명스럽게 반응하거나 못 들은 척 무시하는 것이다. 그럼 아내가 또 "내 말 못 들었어?"라고 되묻는다. 이렇게 되면 분위기는 뻔하다.

이 사례도 지시에서 질문으로 바꿔야 한다. 아내가 "여보, 당신이 좋아하는 TV 프로그램 보고 있네. 그거 끝나면 뭐할 거야?" 또는 "뭐 도와줄 거야?"라고 간단히 상대방 생각을 물어보는 것이다. 그럼 남편은 "이 프로그램 보고 나서 분리수거하고 음식쓰레기도 갖다버릴 거야"라고 대답할 것이다. 그럼 아내는 "좋아, 고마워"라고 맞장구치며 "쓰레기 갖다버리고 오면 디저트로 커피와 과일 준비할게"라고 말해 두 부부는 자연스럽게 화목하고 즐거운 휴일을 보낼 것이다.

질문 경영은 거창하지 않다. 기업이나 거대한 조직에서만 통하는 것도 아니다. 상대방 스스로 하도록 독려하고 스스로 목표를 찾아가도록 동기부여 해주는 것이 질문이 가진 힘이다.

질문 경영으로 회의 문화를 바꿔라

20세기 업무회의는 오너의 시간

20세기 업무회의는 상하 관계가 뚜렷이 나뉘어 진행된다. 대체로 부서장(임원, 팀장)들이 배석한 가운데 임원과 팀장들이 돌아가며 사장(오너)에게 실적·계획을 보고하면 사장은 보고받은 사항을 평가하고 지시를 내리고 때로는 질책한다. 오너가 업무회의 시간을 자신의 시간으로 채우는 동안 부서장들은 침묵한 채 지켜본다. 그들 마음속에는 자기 이름이 다시 불리지 않길, 이 회의 시간이 빨리 끝나길 간절히 바라는 두 가지 바람뿐이다.

20세기 업무회의는 오너의 시간이다. 생산적인 아이디어나 새로운 방식 제안은 쉽게 일어나지 않는다. 거의 정해진 계획을 어디까지 수행했는지, 그에 따라 다음 달 계획과 목표는 어떻게 조정해야 하는지 등 룰이 정해진 시스템으로 틀에 짜인 대화만 오갈 뿐이다.

그러나 이 같은 방식의 회의로는 직관을 불러올 수도, 경영에 도움이 될 전략적인 아이디어도 탄생할 수 없다. 새롭고 신선한 아이디어와 제안의 출발은 회의 문화를 바꾸는 데서부터 시작되어야 한다. 그렇다면 오랫동안 고착된 회의 문화를 어떻게 바꿀 수 있을까?

회의 문화를 바꾸는 네 가지 원칙

나는 고착된 회의 문화를 바꿀 원칙을 제안한다. 다음에 나와 있는 네 가지 원칙들을 살펴보자.

사장과 발표자의 1대1 대화는 지양하고 지시보다 질문한다

일반적으로 회의는 발표자가 발표하는 형식만 띨 뿐 속 사정을 보면 사장이나 오너 1인에게 보고하는 자리다. 발표자가 보고하는 동안 사장은 그때그때 지시하거나 질책한다. 그럼 회의는 생산적이 될 수 없다. 사장은 궁금한 것이 있으면 질문하고 실적이 부진하더라도 질책과 지시보다 발표자의 의견을 물어봐야 한다. 그래야 회의 분위기가 부드러워지고 목표 달성에도 한 발 더 다가간다.

질의 응답(토론) 시간을 반드시 갖는다

질의 응답의 시간을 갖는 것이 중요하다. 대신 토론은 오픈 마인드(Open-minded)로 이뤄져야 한다. 가능하면 지위고하, 연공서열도 없애고 평등한 상태에서 서로 질문하고 대답해야 한다. 질문 경영이 가능하려면 발표자가 다수를 상대로 자신의 의견을 피력하는 시간이 되어야 한다. 그래야 자유로운 의견 개진으로 부서별로 상충되는 안건이 해결되고 발표자는 아이디어를 얻을 수 있다.

논쟁이 결렬되면 어느 아이디어가 가장 논리적이고 합리적인지 사장이 최종 의사결정을 내리면 된다. 즉, 상호질의

응답이 자연스럽게 이뤄져 토론해 결정을 내리는 시간으로 만드는 것이 중요하다.

발표자는 발표 내용에 박수받을 만한 내용 한두 가지를 반드시 포함시킨다

발표자료를 만들면서 실적 차이로 문책받을 일, 질책받을 일 등을 줄이고 피하려는 노력 대신 사실의 원인 분석과 대안을 보고하며 남은 시간을 칭찬받을 만한 내용을 발표하는 데 중점을 두라는 뜻이다.

이미 달성한 성과의 과정·결과를 보면 칭찬받을 것이 많던데 정서상 쑥스러워 칭찬거리로 만들지 못하는 경향이 많았다. 필요하면 리더가 핵심을 알려줘 준비시키면 된다. 칭찬이나 박수를 받아보면 기분이 좋아지고 그 회의 시간에 존재감도 느끼고 회사에 기여한 듯한 보람도 느낀다. 그러면 다음 업무회의 시간이 기다려진다.

회의 때 일은 회의실 밖으로 가져가지 않는다

오픈 마인드로 질의응답이 있을 때 난상 토론, 격론 등 어떤 의사표현도 존중된다. 그런데 발표자에게 질문했는데 제대로 답변하지 못해 난처한 경우, 엉뚱한 이야기로 어색해진 경우, 격론을 벌여 얼굴을 붉히는 경우가 생긴다.

회의가 끝난 후 의견이 다른 사람들과 자칫 수근거리거나 빈정대는 뒷말을 하면 안 된다. 뒤끝이 있으면 회의 도중 자유롭게 의사표현을 하지 않을 뿐만 아니라 침묵을 묵시적으로 강요해 토론이 오픈 마인드로 이뤄지지 않으므로 절대로 용납하면 안 된다. 이 같은 업무회의가 자연스럽게 지시보다 질문을 통한 소통, 논리적, 합리적 의사 개진, 말의 빈도보다 핵심 내용에 관심을 갖게 되어 수동적 분위기에서 능동적 분위기로 바뀌면 팀장 주재 미팅에서도 활용된다.

오픈 마인드로 진행된 2016년 송년회 겸 경영회의

위에서 소개한 네 가지 원칙대로 실천하기는 결코 쉽지 않다. 사장도 많이 참고 기다려야 했고 팀장들도 반신반의로 쉽게 호응해 주지 않았다. 오랜 시간 지시형 문화에 길들어 오픈 마인드 토론 문화로 정착되는 것이 쉽다면 오히려 이상하지 않겠는가? 어느 정도 분위기에 적응하는 데만 4~5개월이 걸렸다.

우리의 변화된 회의 방식은 2016년 12월 연말 송년회 겸 마지막 경영회의 때 드디어 결실을 거두었다. 당시 송년회는 회장님 부부가 주재했다. 그 미팅의 발표자들은 지난 11월 경영 실적과 2016년 마감계획을 참석자 모두에게 발표했다.

회장님이 중간중간 궁금한 부분을 질문할 때마다 발표자는 회장님의 질문에 백업 차트로 설명하며 생산성과 효율성 향상 방안을 자신 있게 드러내며 자연스럽게 박수를 유도했다. 참석자들은 발표자의 강단 있는 태도와 잘 정리된 차트에 뜨거운 박수로 화답했다. 무엇보다 발표자가 주어진 시간을 최대한 활용하고 참석자들도 자기 분야 관련 내용이 나오면 적극적으로 부연 설명하거나 반대로 질문을 유도하는 것이 인상적이었다.

그같이 변화된 회의 모습에 회장님은 칭찬과 박수를 아낌없이 보내며 짧은 시간 동안 어떻게 이런 많은 변화가 일어났는지 매우 놀라워했다. 이날 연말 회의 시간은 오너는 물론 참석자 모두에게 무척 뜻깊은 시간으로 남았다. 그동안 일방적인 상의하달 방식의 회의만 경험하다가 쌍방이 열린 마음으로 의견을 자유롭게 개진하는 경험으로 바뀐 회의 문화가 가져올 변화에 큰 기대를 걸게 되었다고 각자 소감을 털어놓았다. 새로운 회의 문화를 정착시키기 위해 노력했던 나도 그날 회의가 보람으로 남아 있다.

간단한 보고 원칙과 평가 프로세스를 만들어라

올바른 보고 원칙

사장에게 직접 보고하는 사람은 업무의 올바른 의사결정에 매우 중요한 영향을 미치므로 객관적이고 사실에 입각한 보고가 이뤄져야 하고 보고 형식과 내용에 제한이 없어야 한다. 보고도 자유롭게 논의되어야 함에도 실제로 많은 기업의 보고 문화는 이와 거리가 멀다. 특히 경직된 문화와 지시형 리더하에서는 지시한 내용의 성과가 저조할 경우, 결과에 대한 원인과 책임자가 불분명하게 보고하거나 가능하면 말을 적게 하려고 하고 '예스'로만 대답하는 것을 지금까지 많이 목격했다.

부임한 지 한 달 무렵 품질에 문제가 있다고 기업 최고운영자(COO, 상무)가 사장에게 간단한 보고서 한 장으로 구두보고했다. 주사침 불량의 너무 많은 양, 축소된 내용, 처리 계획 대비 부진한 속도와 다른 진행 방향, 모든 책임을 협력업체에게 전가하는 것, 사실(Fact)보다 본인의 경험, 느낌에 의존한 판단으로 인해 발생한 사건에 깜짝 놀란 경험이 있다.

상사와 부하 직원 간의 보고 원칙

보고 형태 그 자체가 기업의 조직문화와 유연성을 보여준다. 보고받는 사장, 임원진, 담당 보고자 간에 보고 내용을 어떤 자세로 청취하고 받아들이는지, 보고자도 어떻게 반응하고 수용하는지에 따라 그 보고는 회사 발전의 자양분이 되거나, 아니면 그저 그런 뻔한 보고가 되거나, 심하게는 회사에 부정적인 영향을 미칠 수도 있다.

따라서 불필요한 오해를 없애고 신뢰 속에서 자율적으

로 일하는 조직의 보고가 되려면 업무 보고 원칙(Our Ground Rules)을 만들어 보고자와 피보고자 간의 1대1 보고 및 토론문화를 바꿔야 한다. 일하는 상호관계(Working Relationship with Me)에 내가 제안한 원칙은 다섯 가지다.

1) 모든 쟁점은 투명해야 한다

문제점이 있으면 숨기지 말고 분명히 들춰내 해결책을 찾아야 한다. 곤란한 보고는 일부만 하거나 감추려고 하고 예리한 질문에 탄로 날 수밖에 없는 경우에도 쟁점을 최소화해 그 순간만 모면하는 데 시간을 많이 할애하는 경향이 있었다. 불필요한 시간 낭비뿐만 아니라 적절한 시기를 놓쳐 더 큰 비용이 들 수 있다. 그럼 이 일로 불신하게 되고 권한 위임을 받을 기회도 놓쳐 또다시 지시와 감시가 반복된다.

2) 사실만 말하라

보고자는 파악한 내용에 대한 근거와 객관성을 토대로 보고할 내용을 전달해야 한다. 그런데 중간에 주관적 요소와 추측성 내용이 가미되어 잘 아는 척 보고하면 부정확한 내용에 근거해 결정할 수도 있어 회사에 큰 손실을 끼칠 수 있고 이는 불신의 씨앗이 된다.

3) 이해가 안 되거나 불확실한 부분은 추측하지 말고 물어보라

논의 도중 사장이 특정 결정이나 지시를 내릴 때 부하 직원이 그 말의 의미를 이해하지 못했거나 의사결정 내용에 불명확한 것이 있다면 주저 없이 되물어 분명히 해야 한다. 사장의 말에 토를 달면 시간이 많이 걸리고 사장이 불편해 한다고 여겨 아무 말 없이 대충 받아들이거나 추측해 받아들이지 않도록 주의해야 한다.

4) 상사가 자신의 의사결정을 바꾸지 않는 경우, 그 결정에 여전히 동의하지 않는다면 '예스 맨'이 되기보다 도전하라

국내 기업에서는 상사의 말에 대한 복종문화 때문에 의견이 다르거나 결정한 부분이 틀리다고 생각해도 감히 '노'라고 말하기가 정말 어렵다. 하루가 다르게 시장환경이 급변하고 경쟁이 치열해지며 불확실성도 커지는데 사장이 어떻게 다양한 분야를 다 꿰뚫고 항상 올바른 결정을 내릴 수 있겠는가? 그것을 기대하는 것은 어리석다. 동의하기 어려운 부분의 대안을 논리적으로 개진하며 토론해 최적안을 선택

하는 것이 리스크를 줄이고 전문성을 살리는 길이다.

5) 동의된 계획의 결과는 상사가 책임을 지고 부하 직원은 좋은 결과만 취한다

상사와 부하 직원 간의 합의된 일에 대해 부하 직원은 책임에 대한 걱정을 떨치고 좌고우면 없이 그 일에 집중해 실행한다면 긍정적인 결과를 얻을 확률이 높아질 것이다. 설령 바랐던 결과가 나오지 않더라도 과정 검토(최선을 다했는지 등) 후 결과에 대한 모든 책임은 상사의 몫이 되어야 한다. 국내 기업에서는 다섯 번째 원칙 실행이 가장 어려울 것 같다. 그런데 실제로는 멋진 상사에 대한 신뢰가 높아지고 직원은 자기 일처럼 하므로 상사가 책임져야 할 경우는 저자에게 단 한 번도 발생하지 않았다.

사장이 기대하는 상사의 세 가지 자질

사장은 다음 세 가지 내용의 실천을 임원과 팀장에게 기대한다. 이는 비즈니스에 필요한 사항이지만 개인차가 너무 다양해 무조건 해야 한다기보다 해주길 바라는 에티켓 정도로 접근하는 것이 바람직하다.

1) 당신이 책임진 분야의 세부 사항까지 알아야 한다

상사는 해당 내용의 세부적인 사항까지 당연히 알고 있어야 한다. 그런데 알고 있으면 자꾸 섬세한 부분까지 관여하거나 지시하려는 경향을 보인다. 오해하지 말아야 할 것은 세부적인 내용까지 관여하는 소위 마이크로 매니지먼트(Micro Management)하라는 의미가 아니라는 점이다.

2) 직원을 존중하고 계발하라

소중한 인적자원이 이직하면 여러 면에서 회사에게 손해가 크다. 상사는 그 직원이 왜 필요한지, 없으면 어떤 일이 발생하는지를 항상 생각하면서 그 직원을 해당 분야의 필요한 전문가로 인정한다면 그를 더 계발하는 데 집중해야 한다.

3) 기업 문화 속에서 직원들에게 상사의 품위를 보여라

직원들은 상사의 언행을 항상 주시한다. 직원은 스승이라는 관점에서 언행의 품위를 잃으면 안 된다. '윗물이 맑아야

아랫물이 맑다'라는 속담이 이에 해당한다.

서로 동의한 원칙하에 보고·토론할 때 보고자에게 부족한 부분이 보이면 수첩 맨 뒷장에 붙여둔 축소한 내용을 보여주며 그때그때 구체적으로 상기시켜 실천할 때까지 지속적으로 강조하면 보고자의 인식과 태도가 저절로 바뀌고 보고자와 사장의 관계도 좋아져서 직원들과도 상응한 규칙을 만들어 실천하게 된다.

평가 프로세스를 만들어라

점검·평가하는 프로세스를 만들어야 한다. 질문 경영은 자율적으로 일하게 만드는 문화이므로 업무 과정을 업데이트해 점검하는 시스템이 뒷받침되어야 효과가 극대화된다. 즉, '업무 진행 요약표(WIP: Work In-Process)' 시스템을 만들어야 한다. 업무 진행 요약표에는 주요 업무, 현재 상태/진행 여부/쟁점, 다음 단계, 목표일, 책임자의 내용이 들어가고 이 표에 프로젝트, 상사의 관심사, 지시한 업무, 주요 보고 업무 등이 현재 어떻게 진행 중인지, 쟁점은 무엇이고 누구와 언제까지 할 것인지를 적시하며 그때그때 업데이트한다. 이때 보고자는 상사와 같이 이 업무 진행 요약표를 바탕으로 업무를 점검하고 종결한 일, 지체된 일, 점검 과정에서 새로 나온 일이나 관심사를 추가해 누가 언제까지 할 것인지를 지속적으로 업데이트하며 이어간다.

사장은 보고하는 임원들과, 임원은 팀장들과 순차적으로 최소한 매주 실시한다. 실제로 해보니까 3일에 한 번씩은 너무 자주 하는 경향이 있고 2주에 한 번씩은 너무 늦어 중요한 것이 늦춰지는 문제가 발생하여 1주일에 한 번씩 하는 것을 권장하지만 이는 회사 및 보고자의 상황에 따라 빈도수는 조절하면 될 것 같다.

정리된 업무 진행 요약표 한 장의 목적이나 장점은 다음 세 가지다.

1) 상사는 보고자와 논의한 관심사나 일이 많은데 보고자가 많다 보면 누구에게 무슨 일이 진행 중인지 그 내용과 타이밍을 놓치는 것을 예방하고 보고자나 주요 업

무의 우선순위를 놓칠 위험을 줄여준다.

2) 양자가 일일이 기억할 필요가 없고 서로 다른 메모에 기록해두었다면 찾느라 시간을 허비할 필요 없이 일이 더 명료해지고 연말이나 중간에 상호 업무 평가에도 도움을 준다.

3) 업무 진행 요약표를 잘 활용하면 일일 보고가 필요 없다. 반대로 없다면 일일 보고나 주간 보고가 필요할지도 모른다.

서로 동의한 업무의 진행 상태 점검 없이 무조건 자율성만 강조한다면 자칫 방임으로 흘러 중요한 타이밍을 놓쳐 상호신뢰가 깨질 가능성이 커진다.

사장의 경청과 인내가 질문 경영을 이끈다

A 기업 사장의 하소연

질문 경영을 위해 회의 문화를 바꾸고 보고 원칙과 평가 프로세스를 만들어 실행하는 단계는 의지만 있으면 실천할 수 있다. 그러나 사장의 경청과 인내는 더 어려운 일이다. 늘 내가 정답이고 지시하는 데 익숙해 조급하기 때문이다.

내 강의를 듣고 감동받아 반드시 실천하겠다던 A 기업 사장은 두 달 후 찾아와 하소연했다. 회의할 때 네 가지 원칙을 만들어 적용했고 사장에게 보고·토론하는 원칙도 세팅해 실행 중이고 업무 진행 요약표도 만들어 업무 점검도 두 달가량 해보고 있는데 사장이 지켜야 할 인내가 매우 어렵다는 것이다. 직원 말을 듣고 궁금한 것을 질문하다가 듣고 싶은 말이 아니거나 대답이 즉시 나오지 않으면 기다리느라 답답하고 때로는 화가 나 갑자기 지시를 내리고 불평불만을 표출하게 되더란다.

A 기업의 사장은 지금까지 해온 노력이 다시 원점으로 되돌아가는 것 같다고 했다. 지시를 내리면 쉽고 빠른데 왜 이같이 힘든 과정을 거쳐야 하는지, 현 단계에서 어떡해야 할지 질문해 왔다.

질문 경영의 변화 과정

나는 A 기업 사장에게 다음과 같이 두 가지 내용을 질문했다.

첫째, 지금까지 해온 지시 경영을 질문 경영으로 바꾸려는 이유와 목적은 무엇인가?

A 기업 사장은 "사업은 어느 정도 궤도에 올라와 있는데 앞으로 문제가 있을 것으로 보인다. 시장이 급변하고 경쟁도 치열해지고 원가도 올라가는데 판매가는 그대로여서 이제 자신 혼자만으로는 한계에 부딪힐 수밖에 없다. 그런데 질문 경영으로 직원들의 자발적인 의지와 혁신을 불러일으켜 '나 혼자 경영'이 아닌 '함께 경영'이 정답이라고 느꼈다. 보여준 사례의 업종은 다르지만 모두 우리 회사에 적용할 수 있는 것이었고 마음에도 와 닿아 당장 시도하고 싶었다" 라고 대답했다.

지시 경영의 성공 모델에 몰입된 상태에서 질문 경영의 우위성과 효과가 더 클 것 같은 기대감, 지금 해야만 하는 절박함 때문에 해보려는 것일 것이다. 물론 이 점이 분명해야 의지가 흔들릴 때 중심을 잡을 수 있을 것이다. 질문 경영의 직접적인 효과를 접하지 않은 상태이므로 목적이 분명해야 그나마 인내할 수 있다는 점을 강조하고 싶다.

둘째, 질문 경영 문화의 정착 일정을 수립했는가?

A 기업 사장은 "크고 작은 회의를 한 달에 여덟 번 이상 하고 보고는 수시로 하고 일일 보고서는 업무 진행 요약표로 바꿨기 때문에 두 달 정도면 회의 문화는 열 번 이상, 보고 원칙도 20번 이상, 업무 진행 요약표도 보고자별로 여덟 번가량 실행하면 어느 정도 바뀌리라 생각했다"라고 대답했다.

10여 년 동안 몸에 밴 지시형 리더십 습관이 두 달 만에 바뀌길 기대하기는 어렵다. 인간이 해보지 않은 것을 매일 습관적으로 사용하고 시도하게 되려면 21일이 필요하다고 한다. 이 논리대로 주간 회의를 한다면 4~5개월이 걸린다. 내가 두 회사에 적용한 경험상 어느 정도 효과를 발휘하려면 5~6개월이 필요했고 문화로 정착되려면 1년 이상 걸렸다.

경청과 질문은 불가분의 관계다

질문을 하려면 먼저 경청이 필수다. 경청은 상대가 말할 때 그저 잘 듣기만 하는 것이 아니다. 상대가 알리고자 하는 내용은 물론이고, 그 내용에 담겨 있는 정서적인 부분에도 귀 기울여 듣고 이해하는 것이다.

회사의 질문 경영에서 경청할 때 중요한 것은 상대방의 말을 비판하며 듣거나 충분히 듣지 않은 상태에서 조언하는 것은 삼가야 한다는 것이다. 또한, 경청할 때 언어적 반응과 비언어적 반응에 맞장구쳐주는 것도 잊으면 안 된다. 질문은 가능하면 말투를 부드럽게 하고 목소리 톤도 상대방에 따라 조절해야 한다. 회의할 때는 첫 질문에 앞서 분위기 전환용 코멘트를 해주면 더 좋다.

질문하는 목적은
다음 세 가지다

1) 내가 모르는 것이나 궁금한 것을 물어보기
2) '답정너', 즉 주로 자신이 듣고 싶은 대답을 미리 정해 놓고 상대방에게 질문해 원하는 답을 유도하기
3) 듣고 싶은 것보다 화자가 말하고 싶은 것을 물어보기

질문 경영의 목적은 1)과 2)가 많은데 재촉하거나 서둘지 않고 기다리는 것이 중요하다. 결론적으로 이 같은 문화는 혼자 하는 것이 아니라 함께 해야 하고 상사부터 실천해야 한다. 따라서 초반에 몇 번 했다고 바뀔 사안이 아니다. 처음 두 달까지는 지시와 질문 리더십이 혼재된 상태에서 질문형으로 점점 바뀌게 된다.

여기서 중요한 것은 지시형이라고 문제인 것이 아니라 흥분해 야단치고 일방적인 지시만 내린 채 미팅을 끝내면 안 된다는 것이다. 직원들이 변화하는 과정이라는 것을 느낄 수 있으면 된다. 이것도 일정 기간 동안 견디고 습관이 되면 결코 어렵지 않다.

MZ 세대를 진화시키는 질문

부하 직원에 대한 경청과 질문

존슨앤존슨 영업부 매니저 시절, 격주로 나는 영업직원과 번갈아가며 거래처를 함께 방문하곤 했다. 직원과 함께 거래처를 방문하는 목적은 영업직원과 함께 일과를 보내며 현장을 이해하고 현장에서 거래처와 발생한 일이 무엇이며 어떻게 대응하는지 직원의 행동을 관찰해 잘하고 있는지, 개선할 것이 있는지 등을 파악해 조언·피드백함으로써 직장 내 교육·훈련(OJT: On the Job

Training)하는 것이다.

현장 업무 중 별도 시간을 쪼개 질문을 통해 영업직원의 가정사와 애로 사항을 들어주기만 해도 친밀도가 높아지고 의사소통도 잘되었다고 한다. 질문하고 직원의 이야기를 많이 들어주기만 했을 뿐인데 말이다.

특히 직원이 매우 인상적이고 좋았다는 것은 다음 질문을 통해 생각하게 했다. "김 대리의 인생 비전은 무엇인가?" 더 쉽게 구체적으로 말해 현재의 회사에서 "5년 후 어떤 모습을 원하는가?"라는 질문이다.

어찌 보면 가볍게 대답할 수 없는 질문이다. 그런데 갑자기 생뚱맞게 묻는 게 아니라 거래처 한두 곳을 방문해 업무를 수행하고 차량으로 이동하는 도중 가볍게 자녀와 가정 동정, 최근 즐겁고 행복했던 일, 요즘 스트레스받는 일 등을 이야기 나누고 점심 식사 후 카페에서 회사 이야기를 하며 이어지는 질문이다.

부하 직원의 비전 답변 4단계 노하우

그런데 부하 직원은 그 같은 질문에 어떻게 답해야 할지 몰라 막막해했다. 처음에는 깊이 생각해 보지 않고 상대방이 좋아할 만한 대답을 하거나 아직 구체적으로 생각해 보지 않았다고 했다. 그럼 몇 가지 팁이나 생각을 정리하는 프로세스를 말해 주면 매우 관심 있게 생각하고 해보겠다는 의사를 표했다.

첫 번째 단계는 자신의 SWOT 분석(Strength, Weakness, Opportunity, Threat: 강점, 약점, 기회, 위기)을 통해 정리해 보는 것이다. 숙제하듯 단 30분 만에 작성하는 게 아니라 며칠 시간을 갖고 진지하게 고민해 내 가치를 제대로 정리하는 것이 중요하다.

그러고 나서 다른 분(상사, 멘토, 부모, 친구, 후배) 중 한두 명에게 내 SWOT을 질문해 두 SWOT 분석의 공통 사항을 도출하면 그것이 자신의 객관적인 SWOT이고 그렇게 해야만 자신이 받아들일 수 있다. SWOT은 내부 환경 요인인 강점과 약점, 외부 환경 요인인 기회와 위기의 영문 머리글자를 따온 말로 원래는 기업 내외 환경 요인을 파악해 마케팅 전략을 수립하는 기법이다.

두 번째 단계는 자신의 SWOT을 바탕으로 회사에서 5년, 10년 후 되고 싶은 직무나 직책을 한 문장으로 적는 것이다. 그 정리를 'S.M.A.R.T'하게 해야 한다. 이 정리법은 조지 도란(George T. Doran)이 만든 목표 설정 방법으로, 구체적(Specific)이고 측정 가능(Measurable)하며 달성 가능(Achievable)하고 현실적(Realistic)이면서 시간이 명확히 주어지도록(Time Bound) 하는 것이다.

이렇게 자신이 되고 싶은 직무와 직책을 정했다면 그다음 세 번째 단계는 자신의 롤 모델(Role Model)을 찾는 것이다. 롤 모델은 대부분 사내에 많지만 찾기 어렵다면 외부에서 찾을 수도 있다. 롤 모델을 찾아 그 자리에 오르기까지 어떤 역량이 필요했고 얼마나 걸렸고 스스로 역량을 함양하는 방법은 무엇이었는지 등을 질문을 통해 알아야 한다.

마지막 단계는 앞의 롤 모델이 내세운 역량 중 질문자 자신이 함양해야 할 가장 중요한 Top 3 역량을 선정해 1년 안에 계발하는 계획을 수립하고 최소한 한두 가지 역량을 구체적인 행동으로 개선하는 것이다. 직원은 비전 질문에 명확히 답변하기 위해 많은 시간과 노력을 기울였으므로 실천

가능성도 커진다.

놀라운 점은 이 과정의 내용을 이해하고 믿고 해보겠다고 다짐한 사람 중 꾸준히 실천해 자신의 '희망 사항'을 달성한 경우는 불과 10~20%라는 것이다. 달리 말해 그 과정과 실천이 그만큼 어렵다는 것이다.

어쨌든 거래처를 함께 방문하는 동안 상사가 부하 직원에게 던진 비전 질문과 그 비전을 수립하는 4단계 설명을 통해 부하 직원의 실행 여부와 상관없이 부하 직원에 대한 상사의 깊은 관심과 상사에 대한 부하 직원의 깊은 신뢰를 서로 교감해 거래처를 함께 방문한 효과와 만족감은 매우 높았다.

리더에게 필요한
개방형 방식 질문

이렇듯 직원에게 훌륭한 리더는 효과적인 질문을 던지는 리더다. 질문의 효과는 이루 말할 수 없이 긍정적이기 때문이다. 현재는 MZ 세대와 함께 일해야 하는데 그들의 특징과 차이점도 모른 채 그들의 능력을 십분 발휘할 수 있겠는가. MZ 세대는 풍족한 생활 속에서 정보와 권한을 누리며 성장했기에 기성 세대와 많이 다르다.

한편 그들은 능력도 갖추었기 때문에 구세대가 경험하고 실천했던 대로 이끌어 가려고 하면 갈등과 혼란만 일으킬 뿐 전혀 도움이 안 된다. 그들은 각자의 개성과 강점이 뚜렷해 자신의 의사를 명확히 밝힌다.

그들과 대화해 보면 단순히 아는 게 많다기보다 상황을 다양한 측면에서 볼 줄 알고 자신이 아는 것과 모르는 것의 구분이 명확하며 리더의 언행을 해석하는 수준도 높다. 따라서 리더들은 MZ 세대의 사고를 격려하면서 스스로 그들의 방향을 찾아가도록 멘토링해 주면 된다. 답을 미리 정해 놓지 말고 다양한 창의적 사고를 하도록 개방형 질문을 해 주면 된다.

그들은 시키는 일만 하는 것을 매우 싫어한다. 만족하지 못한 그들과 부딪혀 고민하는 기성세대가 있다면 "내 의도를 몰랐나? 왜 이것밖에 못했어?"라고 할 게 아니라 그 일의 가치와 의미를 알려주고 그 일을 어떻게 달성하는지, 달성한 결과가 나와 어떤 연관이 있는지 질문해 스스로 답을 찾게 해주는 게 훌륭한 기성세대다. 과거의 경험과 지식으로 지적하고 지시하는 리더보다 방향을 설명해 주고 다양한 시각과 관점을 끌어내는 질문을 던지는 리더가 진정 훌륭한 리더인 것이다.

의사소통의 7:3 황금 법칙이 지닌 놀라운 효과

한 MZ 세대 직장인은 자신의 상사가 다른 사람보다 좋은 이유로 '사소한 부분도 질문하는 점'이라고 했다. 상사가 지시한 보고서를 써갔는데 지난번에 만든 보고서와 다르게 작성한 부분이 있었다고 한다. 이전 상사라면 마음에 안 든다고 펜으로 쭉 그었을 텐데, 지금 상사는 그 부분에 대해 질문한다는 것이었다.

"이 부분은 어떤 생각으로 쓴 건가? 아, 그걸 강조하고 싶었군." 이처럼 자신이 한 일에 관심을 갖고 질문해 준 것이 고마웠다고 한다. 결과적으로 보고서가 리더의 뜻대로 수정되더라도 자신이 의도한 바를 먼저 설명할 기회가 있었고, 보고서에 대한 정확한 피드백을 받아 감사하다는 것이다.

또 다른 친구는 회사에 대해 갖고 있던 불만이 최고조에

도달했을 때 이에 대해 질문으로 접근해 준 리더를 고맙게 생각했다. 일반적으로 리더의 과거 경험을 바탕으로 설득한다는 것이 가르치려고 한 꼴이 많았던 것이 사실이다. 그런데 그 리더는 설득이 아닌 "어떤 점이 힘들었는가? 어떤 점이 개선되면 좀 편하게 일할 수 있을까?"라는 질문을 했다.

그는 질문을 받고 자신이 표출한 불만을 곰곰이 생각해 보니 논리가 없었음을 알게 됐다. 질문을 통해 꼬여 있던 마음을 천천히 풀어보면서 객관적으로 들여다보게 됐고, 특별한 이유가 있었다기보다 실망스러운 상황이 누적되어 부정적인 감정에 휩싸였음을 인정하게 됐다. 이로 인해 그간 자신이 사용한 말투나 표정 등이 팀에 어떤 영향을 미쳤는지 확연히 깨닫게 됐다. 그동안 현명하지 못했던 행동을 사과했고 리더에게도 정중히 도움을 청할 수 있었다고 한다.

이처럼 리더의 무기는 질문이라고 생각한다. 동일한 질문에도 그에 따른 다양한 의견과 대안이 있기 때문이다. 사소한 것도 한 번 더 의견을 물어보며 직원들의 목소리를 들어야 한다. 바쁘니까 빨리 가려고 질문을 생략하면 결국 직원들을 꾸짖거나 잔소리하는 데 더 많은 힘이 들어갈 것이다.

동기부여 전문가 사이먼 사이넥(Simon Sinek)의 조언처럼 리더는 질문하고 충분히 듣고 맨 마지막에 자신의 이야기를 건넨다. 《세상 모든 CEO가 묻고 싶은 질문들》(IGM 세계경영연구원, 위즈덤하우스, 2012)에는 '7:3 법칙'이 나오는데 이는 수많은 커뮤니케이션 학자들이 공통으로 말하는 효율적인 의사소통의 황금 비율이라고 한다. 즉, 대화 시간의 70%는 상대방의 말을 듣는 데 쓰고 내가 말하는 데는 30%만 쓰라는 것이다.

상대방이 70%를 말하도록 하는 데 필요한 커뮤니케이션 기법이 바로 질문이다. 질문함으로써 상대방이 말하도록 유도해야 함에도 일반적으로 리더들은 어렵거나 큰 문제에 부딪히면 부하 직원보다 많이 알아 지시·조언해야 한다는 강박관념에 사로잡혀 말을 많이 하는 오류에 빠져드는 경향이 많다.

질문은 리더의 가장 강력한 무기이자 도구가 되어야 한다. 사이넥의 조언처럼 현명한 질문을 하고 충분히 들은 다음 맨 마지막에 말한다면 MZ 세대를 진화시키는 가장 효과적인 리더가 될 것이다.

세 가지 질문의 힘

공급업체에 대한 대형 마트의 횡포

2012년 정부는 전통시장 보호와 마트 근로자의 정당한 휴식 보장을 명분으로 대형 마트의 월 2회 의무휴일제를 실시했는데 대형 마트에 대한 매출 의존도가 높았던 제조업체(공급자)와 대형 마트 입장에서 매출 감소는 자명했다. 설상가상 유통 채널이 다이내믹하게 변하는 과정에서 '올리브영'과 같은 'Health & Beauty' 드럭스토어 점포 수가 폭증해 화장품 소비자의 구매 장소는 대형 마트에서 올리브영 등으로 이동했고 코스트코, 트레이더스와 같은 도매클럽 점포 수가 늘어나는 추세 속에 고객이 대형 마트에서 도매클럽으로 빠르게 이동하는 위기 상황이었다.

이에 고객을 붙잡기 위해 대형 마트들은 소비자에게 차별화된 상품, 가격, 서비스를 제공하기 위해 공급업자인 제조업체에 자신에게만 차별화된 빅 프로모션, 빅 마진을 요구하고 신제품, 신 브랜드, 독창적인 케이스나 포장으로 납품할 것을 강력히 요구했다.

이 요구를 수용하면 공급업체 입장에서는 복잡성이 대폭 늘어 생산성과 효율이 떨어지고 비용이 폭증한다. 한 가지 품목으로 모든 대형 마트에 공급하던 것을 네다섯 가지 품목으로 나눠 4~5개 대형 마트에 공급해야 하니 적은 개수로 생산해야 하고 재고 관리도 각각 해야 해 비용 증가는 자명하다.

만약 불응하면 진열대의 상품을 다른 매대 밑으로 옮기거나 매대에서 아예 빼버려 소비자의 구매 기회를 박탈하거나 신제품 입점을 거부해 소비자에게 팔릴 기회를 원천봉쇄하거나 프로모션 기회조차 주지 않는 등 온갖 횡포로 엄청난 매출 손실을 입을 각오를 해야 한다.

'울며 겨자 먹기' 식으로 버티다

수많은 공급업체가 부작용이 큰 것을 알았다. 그러나 횡포에 대항하기에는 매출 손실이 너무 크기 때문에 '울며 겨자 먹기' 식으로 부당한 요구에 응하는 것이 부지기수였다.

내가 존슨앤존슨 영업본부장일 때 대형 마트의 요구를 수용할 수 없어 나름대로 원칙과 논리로 소극적으로 대응하다가 매출 비중이 가장 큰 A 대형 마트 매대에서 45개 주요 품목(매출액의 70%)이 약 3개월 동안 자취를 감추었고 프로모션 기회도 못 받고 진열된 나머지 품목도 진열대 밑으로 내려가 소비자의 구매 시야에서 벗어나 엄청난 매출 손실을 감수해야 했다.

수개월 동안 이를 견딜 수 있는 영업본부장이 어디 있겠는가? 대형 마트의 횡포에 견디는 문제일 뿐만 아니라 회사 내부적으로는 전체 매출 부족에서 생기는 여러 성과 지표상의 부정적 결과로 인한 불편함, 대형 마트의 그 같은 횡포를 수용하는 어리석음을 절대로 저지르지 말라는 싱가포르 본사의 묵시적 압력, 대형 마트 바이어를 매일 만나면서도 답을 줄 수 없는 영업 담당자의 답답함이 섞여 있었다.

특히 영업 담당자는 이 같은 환경이 괴로워 회사에 들어오면 다른 공급업체는 바보여서 바이어의 요구를 들어주고 있냐고 반문하며 우리도 대형 마트와의 관계와 미래를 위해 투자해야 한다고 주장하며 온갖 불평불만을 쏟아냈다. 우리는 원칙을 지키고 효율을 중시한다고는 하지만 정말 견디기 힘든 최악의 상황이 상당 기간 계속되었다.

그렇게 5개월을 버티던 어느 날 내 머릿속에 다음과 같은 뚜렷한 의문이 떠올랐다. “우리는 이렇게 마냥 당해야만 하는가? 얼마 동안이나 감당할 수 있을까? 우리의 진정한 해결책은 무엇일까? 대형 공급업체는 부당한 현실에 왜 이의를 제기하지 않고 비용을 감수하며 수용할까?”

개인의 잠재력을 불러일으키는 세 가지 필살기 질문

그때 상황을 타개할 방법이 머릿속을 스쳤다. 무엇보다 우리 영업 담당자, 매니저, 고객 마케팅 매니저들에게 대형 마트의 부당한 요구를 거부하고 장기적으로 윈윈(Win-Win)하는 가치를 제안할 수밖에 없다고 생각했다. 나는 윈윈 가치를 불러일으킬 묘수로 세 가지 질문을 던졌다.

첫째, 우리 회사가 경쟁사 대비 대형 마트에게 차별화할 수 있는 것은 무엇인가?

둘째, 대형 마트가 장기적인 성장 전략을 찾는 데 우리는 어떤 도움을 줄 수 있는가?

셋째, 소비자 만족 향상을 위해 바이어에게 어떤 도움을 줄 수 있는가?

위 질문에 대한 우리의 좋은 아이디어와 해결 방안에 대해 회사의 아낌 없는 지원과 투자를 얻어내겠다고 했다. 우리 팀이 많은 토론 끝에 돈으로 간단히 해결하는 단발성 일들은 단기적으로 해결할 수 있지만 부작용도 심해 가치를 지속적으로 제공하는 방향으로 잡았다.

먼저 우리 영업 담당자들은 바이어가 업무 도중 받는 스트레스 속에 바이어가 가려워하는 부분, 즉 그들의 니즈 파악에 주력했다. 즉 바이어 입장에서 나날이 경쟁이 치열해지고 소비자 구매 행태도 변화무쌍한 유통시장 환경에서 한 명의 바이어가 20개 이상의 납품업체 관리와 대형 마트 경쟁사 간의 바쁜 일상 업무(가격할인 등의 프로모션, 가격할인 정보 파악, 신제품 점검, 독점 아이템 개발, 마진·매출 파악 등)를 하고 있었다.

바쁘고 부족한 시간 속에 세계적인 유통업계의 변화, 글로벌 소비자의 동태, 글로벌 대형 마트 벤치마킹, 경쟁업체의 특별한 활동 등을 분석·파악한 보고서를 상사에게 보고까지 해야 했다. 이 같은 일은 시간이 많이 들고 다양한 정보력, 언어 해독력, 분석력과 정리까지 필요해 스트레스를 많이 받을 뿐만 아니라 쉽지 않았다. 이것이 바이어의 불편한 숨겨진 진실이었다.

바이어 컨설팅의 효과

우리 팀은 이 같은 직관을 바탕으로 비즈니스 컨설팅 내용을 바이어에게 제공하기로 했다.

먼저는 상사에게 보고하는 보고서의 주요 내용을 참고할 수 있도록 우리는 월 2회 카테고리 트렌드 매거진을 제공하기로 했다. 그다음으로 연 2회 카테고리 워크숍을 개최해 바이어가 맡은 전체 카테고리의 매출 증대에 도움을 주기로 했다.

그러려면 외부에서 전문가를 영입해 카테고리 직관팀을 만들어야 했는데 최소 연 3억 원의 비용이 들 것으로 추정되었다. 한국에 있는 사장을 설득하고 AP(Asia Pacific) 본사가 있는 싱가포르 회장의 승인까지 얻어야 하는 복잡한 과정이었다. 나는 많은 설득과 이 일이 잘못될 경우, 책임을 담보로 최종 승인을 받아냈다.

사실 이 같은 지식 제공은 당장 바이어의 요구 조건을 해결해 주는 것은 아니었다. 그저 고마움만 느끼는 것이라서 당장 요구 사항 거부에 대해 가혹한 벌칙만 받는다면 우리는 직관운영팀을 해체할 수 없어 큰 비용으로 남게 되는 것이었다.

우리 팀은 다국적 기업의 장점을 충분히 살려 전 세계적 유통시장 변화, 소비자 변화, 판촉 형태, 진열 벤치마킹, 계절적인 다양한 머천다이징 기술 및 노하우 등을 분석해 효과적으로 정리했고 바이어 입장에서 당장 접목할 수 있는 팁과 아이디어를 〈카테고리 트렌드 매거진〉에 담아 영업사원을 통해 담당 바이어에게만 전달해 주게 했다. 바이어에게만 주었으니 직접 만들었다고 상사에게 말하라고 귀띔까지 해주었다.

결과는 대만족이었다. 바이어는 상사로부터 언제 이렇게 좋은 정보까지 정리했냐며 내용을 침이 마르도록 칭찬했고 칭찬받은 바이어는 우리에게 내린 벌칙과 부당한 처사를 하나씩 해결해 주었다.

결국 우리 회사는 판촉 중독에서 벗어나 브랜드 자산을 해치지 않게 되었고 품목 수(SKU)가 줄어듦에 따라 재고 관리와 복잡성도 현저히 줄어 적잖은 비용절감을 누렸다. 우리 회사와 아시아 퍼시픽 본사의 칭찬이 쏟아지고 상도 많이 받았다. 이윽고 전 세계 영업부의 모범 사례가 되어 100여

개국에 소개되었고 초대까지 받아 설명할 기회도 가졌다. 이는 결코 지시로 할 수 있는 내용이 아니라 개인의 잠재력을 불러일으키는 몇 가지 필살기 질문이 만들어낸 힘이다.

TOO SIMPLE !

TOO POWERFUL !

TOO EASY !

TOO SIMPLE !

TOO POWERFUL !

TOO EASY !

3장

질문 경영 챌린지 2
: 질문 경영의 핵심

일의 노예가 아닌 주인으로 탈바꿈시키는 질문

회장님의 현명한 질문

앞에서 소개한 IGM 세계 경영연구원의 공저 《세상 모든 CEO가 묻고 싶은 질문들》에는 모 대기업 회장의 일화가 나온다. 그는 회사 소유 골프장에서 골프를 치다가 17번 홀 티박스 주변에 소나무를 심으면 경관이 훨씬 좋겠다는 생각에 골프장 관리 담당 임원을 불러 곧바로 지시를 내리는 대신 이렇게 물었다. "어떻게 하면 17번 홀을 더 멋지게 만들 수 있을까?" 한참 대화를 나누

다가 관리 담당 임원이 아이디어를 냈다. "회장님, 멋진 소나무를 심으면 어떨까요?" 그러자 회장은 좋은 생각이라며 맞장구만 쳐주었다.

얼마 후 그 광경을 본 사람이 "그냥 소나무를 심으라고 시키면 될 일을 뭐하러 일일이 의논했는가?"라고 묻자 회장은 이렇게 대답했다. "사람은 신바람 날 때 일을 가장 잘하는데 부하 직원 입장에서는 상사의 지시대로만 일하면 신바람이 안 난다. 자기 생각이 들어간 일을 할 때야 비로소 신이 난다." 이렇게 질문을 통해 부하 직원을 '시키는 일만 하는 노예'에서 '일을 스스로 찾아서 하는 주인'으로 탈바꿈시킨 것이다.

답을 직원 것으로 돌리는 것이 리더십의 핵심

물론 이렇게 하기는 결코 쉽지 않다. 직원이 '주인 의식'으로 일을 스스로 찾아서 실행하기까지는 훨씬 시간이 많이 걸린다. 만약 부하 직원이 리더와 다른 생각을 가지고 있다면, 같은 목표점을 맞추고자 설득이 필요할 때도 있다. 하지만 이 같은 노력이 더해지면 부하 직원들을 자발적인 파트너로 일하게 할 수 있다.

이같이 리더는 문제 상황에서 지시 대신 질문함으로써 부하 직원 스스로 문제를 고민하고 개선책을 찾도록 만들어야 한다. 그리고 직원이 오랜 고민을 통해 만든 아이디어를 가지고 왔을 때, 리더가 맞장구쳐주고 아이디어를 칭찬하는 것만으로도 직원이 주인 의식으로 책임감을 갖고 즐겁게 일하도록 할 수 있다.

질문을 통한 리더십의 핵심은 상사가 답을 알더라도 그 답을 자기 것이 아닌 부하 직원의 답으로 만드는 것이다. 더불어 부하 직원의 실수나 잘못의 책임까지 상사가 감싸 안을 때 진정한 리더십 효과를 볼 수 있다. 이 같은 책임 있는 리더십은 부하 직원의 감동으로 돌아오고 그것이 주는 효과는 업무에서 상상 이상의 결과를 불러온다. 그동안 나는 이 같은 리더십 효과와 선한 영향력을 숱하게 경험했으니 많은 이가 꼭 시도해 보길 권한다.

외국계 기업의 생산적 회의 방식

가끔 "모든 외국계 기업에는 질문형 리더만 있습니까?"라고 물어오는 이들이 있다. 내 답은 결단코 '아뇨'다.

한국에서 사업을 운영 중인 외국계 회사에는 외국인보다 한국인이 훨씬 많고 리더도 한국인이 많다. 그들은 리더십 교육뿐만 아니라 실제 업무에서도 질문형 리더십에 많이 노출되어 있음에도 리더 개인의 성격, 스타일에 따라 다양한 유형의 리더십을 보여주므로 질문형 리더가 반드시 많다고 생각하는 것은 오산이다. 다만 국내 기업보다 상대적으로 질문형 리더 비중이 높은 것은 분명하다.

한국인 리더와 외국인 리더의 큰 차이는 회의 때 드러난다. 미국이나 싱가포르에서 근무하는 임원들이 한국의 비즈니스를 점검하기 위해 내방해 회의를 진행할 때 회사의 재무적 성과나 마케팅 성과에 못 미치는 실적 보고가 있더라도 질책하는 경우는 매우 드물다. 한국 담당자들이 제시하는 대안이나 계획이 미진하거나 흡족하지 않더라도 화를 내거나 일방적으로 지시를 내리지도 않는다.

그 대신 의견 차이, 논의 과정에서 이해가 가지 않는 요소나 설득이 부족한 부분에 대해서는 매우 활발한 질문이 오간다. 상대방에게 질문하고 답변을 요구하는 과정에서 발표자의 생각과 계획을 들어보고 자기 생각과 합의된 부분은 맞추고 합의된 내용을 언제까지 할 수 있는지 일정과 발표자의 의지를 확인하고 마무리한다.

또한, 목표 대비 결과가 좋지 않더라도 사유와 과정이 논리적으로 설명된다면 이해하고 다음으로 넘어가고 새로 설정된 목표에 시간을 부여해 새로운 기회를 준다. 질문에 제대로 답하지 못했다면 제대로 준비되지 않았거나 잘 모르는 부분이 있었거나 생각해 보지 않은 부분이 있어 자신이 부끄럽게 생각할 수 있지만 상호 감정적인 충돌이나 자존감의 훼손은 없다.

질문형 리더십을 당장 적용하라

국내 기업과 외국계 기업의 이 같은 극명한 차이는 주변에서 쉽게 찾아볼 수 있다. 나도 과거에는 지시형 리더십의 소유자였는데 외국계 기업 임원들이 보여준 질문형 리더십에서 많은 것을 느끼고 감동받아 질문형 리더십으로 점점 변했다. 실제로 질문형 리더로 바뀌면서 좋은 결과를 많이 얻어 자신감이 더 붙었다.

그때부터 국내 기업 대상의 질문형 리더십 강연을 통해 장점을 많이 알렸다. 내가 질문형 리더십 강연을 끝내면 사장님과 임원진 대부분 강연 내용에 공감하며 긍정적인 반응을 보이는데 막상 내가 "그럼 사장님도 내일부터 당장 시도해 보세요"라고 하면 그때는 핑계를 댄다.

"존슨앤존슨은 매출액 규모도 크고 훌륭한 외국계 회사여서 가능하지 우리 같은 작은 회사야 뭐……", "직원들도 고학력에 월급도 많이 받으니 서로 믿고 일할 수 있겠지만 우리야 어디 그럽니까?" 등 이런저런 핑계를 대며 적용을 기피한다. 그때마다 정말 답답하고 안타까웠다.

나는 질문 경영을 국내 중소기업에 반드시 적용해 성공적인 결과를 내고 이를 바탕으로 더 많은 기업이 이 방식을 도입하는 날이 하루빨리 오길 바란다. 그래서 중소기업의 부족한 여러 자원 중 인적자원의 능력을 최대한 끌어올려 생산성이 향상되고 수익이 개선되어 지속적으로 이익이 나는 중소기업을 많이 만들어내는 것이 내 간절한 소망이다.

개인적으로 운이 좋아 외국계 기업에서 훌륭한 문화, 프로세스, 시스템을 배웠다고 생각하므로 이 경험과 지식을 국내 기업에도 제대로 적용해 성과를 내고 싶다. 이미 국내 기업 두 군데서 이룬 경험과 성과를 소개해 정말 일하고 싶은 회사, 생산성이 월등히 개선된 회사로 변모시키는 것이 우리나라 중소·중견기업을 위한 내 작은 봉사라고 생각한다.

질문 경영 초기의 어려움과 해결 방안

질문형 리더십은 행동방식의 변화

기업 대상으로 질문 경영 컨설팅이나 리더십 강연을 하게 되면 '훌륭한 경영 방법이다'라고 생각한다. 그런데 여기서 끝나지 않고 꼭 뒤따라오는 반응이 있다. 바로 '과연 그게 현장에서 가능할까?'라는 반응들이다.

수년 전 '직관적 리더십(Insightful Leadership)'을 주제로 한 중소 제조업체에서 강연한 적이 있다. 이때 질문하는 리더십의 중요성을 강조하자 한 임원이 이렇게 물었다. "우리나라 대부분 기업의 남성 리더는 상명하복의 군대 문화가 몸에 배어 업무를 지시하는 것이 일상화되어 있는데 과연 기업에 적용할 수 있을까요?"

이렇게 부정적인 반응이 나오는 이유는, 내가 제안하는 방식이 듣기는 좋지만 현실에서는 적용하기 힘든 매우 이상적인 방식이라는 선입견이 머릿속에 꽉 차 있기 때문이다. 실제로 질문 경영을 실행해 보지 않았으니 이에 대한 결과도 경험해 본 적이 없을 것이고, 지시형 문화에 매우 익숙하기 때문에 당연히 불가능하다고 생각하는 것이다.

지시형에서 질문형으로 바뀌는 것은 어렵게 성격을 바꿔야 하는 게 아니라 행동방식을 바꾸는 것이다. "하고 싶은 일에는 방법이 보이고 하기 싫은 일에는 핑계가 보인다"라는 필리핀 속담이 있다. 그들에게 나는 그들의 질문을 다시 돌려준다. "과연 이게 불가능할까요?"

소통 부재의 비극

앞의 사례처럼 대부분의 기업 대표와 임원진은 질문형 리더십의 개념과 긍정적 효과를 충분히 이해하고 있다. 그러나 현장에서는 실천하기 매우 힘들다고 하소연한다.

내 강연을 듣고 감사하게도 곧바로 강연 내용을 실천해 적용하려는 기업 대표들도 가끔 있다. 그러나 그때도 부작용이 나타난다. 하루아침에 갑자기 지시형에서 질문형으로 바꾸는 과정에서 몇 번 해보다가 뭔가 맞지 않으면 결국 그만둘 가능성이 커진다.

그들은 질문 경영 실천이 힘든 이유로 두 가지를 든다. 먼저는 '소통'의 부재다. 그들은 직원과 소통하는 과정에서 지시 내리고 싶은 마음을 참는 것이 가장 힘들었다고 토로한다. 질문 경영은 기존 방식에서는 바로바로 지시하면 되던 일을 직원의 말을 경청하고 나서 직원에게 질문을 던지는 과정이 들어간다. 이전보다 시간이 배나 걸리고 자신이 지시하고 싶은 내용의 답을 직원 스스로 찾아내도록 유도해야 한다.

직원들이 답을 찾는 과정에서도 결론이 쉽게 도출되지도 않는다. 처음 한두 번 시도로는 직원 훈련이 쉽지 않고 이를 리드하는 리더도 이 방식에 적응해야 하기 때문에 오랜 시간이 필요하다.

대부분 기업의 문제점을 꼽으라면 개인 간, 부서 간 소통 부재가 단골 메뉴인데 이를 단숨에 극복하기는 어렵다. 회의 시간에는 대부분 최고경영자나 임원만 말하고 직원들은 듣기만 하거나 메모만 해 거의 말할 필요가 없는 광경이다.

보고자만 사장이나 임원에게 보고하면서 질책이나 지시를 받고 다른 참석자들은 쥐 죽은 듯 조용히 있다. 눈은 부릅뜨고 있어도 내용을 이해나 하는지 다른 생각을 하는지 알 길이 없지만 자기 발표시간이나 회의 종료 때까지 그러고 있다.

이 같은 회의 문화와 관습이 오랫동안 흘러왔기 때문에 벤치마킹할 기회도 없고 이 같은 회의 방식의 부작용을 인식하지도 않아 참석자들도 별 불만이 없어 보인다. 하지만 회사가 혁신·변화해야만 생존할 수 있는 시점에서는 절실히 느낀다. 사장들은 그때서야 우리 직원들은 왜 시키는 일만 하고 창의적이고 혁신적인 아이디어를 내지 않느냐고 불만을 표하는 우를 범한다. 생각해 보면 오랫동안 시키는 일만 했던 사람이 그 이외 것을 하기는 매우 어렵다.

질문 자체의 어려움

두 번째 이유는 아이러니하게도 질문 자체의 어려움이다. 직원으로부터 의미 있는 답을 도출해 내려면 질문하는 당사자가 '올바른 질문'을 해야 하는데 상황에 맞는 의미 있는 질문을 찾아내기가 매우 어렵다.

일반적으로 지시하는 방식은 대부분 더 많은 정보와 경험이 있는 사람이 상대적으로 정보가 부족한 사람에게 일을 내려주는 것이다. 그래서 지시자는 늘 많은 정보와 세세한 내용까지 탐구해야 한다. 또한 지시자와 실행자 간에 신뢰가 부족하다.

그러나 질문 방식은 두 가지로 나뉘는데 하나는 상대방이 무엇을 모르고 무엇이 부족한지 파악한 상태에서 상대방이 자기 나름대로 답변을 찾아가도록 길을 안내해야 한다. 질문자와 답변자 둘 다 좋은 결과를 가져오지만 이 방식에 익숙하지 않으면 질문 자체가 쉽지 않은 것이다.

또 하나는 내가 모르는 정보나 아이디어를 구하기 위해 질문하는 것이다. 이 같은 질문은 어렵지 않지만 전자가 잘 이뤄지는 소통 문화에서 효과를 극대화할 수 있다. 다양한 부서에서 답변자의 창의력과 아이디어가 총발산되기 때문이다.

조직 변화의 출발점 -사장의 변화

내가 수많은 질문 경영 강연과 임직원 컨설팅을 해오면서 느낀 점은 질문 경영으로 전환하려면 누구보다 회사 대표가 맨 먼저 변화의 최전선에 서야 한다는 것이다. 그러나 그들도 질문하는 방식이 습관화되지 않아 어려움을 토로한다. 사장은 아무 질문도 던질 수 있어 쉬울 것 같지만 상황에 맞게 상대방의 자기 결정권을 갖게 하는 질문은 쉽지 않다.

거듭 강조하지만 훌륭한 질문의 전제 조건은 경청이다.

상대방의 이야기에 귀 기울여야 상황과 맥락에 맞는 질문을 하고 공감하고 만족스러운 결론도 얻는 것이다. 사장의 역할과 변화는 쉽지 않다. 그러나 사장의 변화가 조직 변화의 출발점임을 명심해야 한다.

조직을 이끄는 질문 리더십 방법

질문하기 힘든 이유

지금까지 나는 질문 경영의 핵심으로 질문하는 리더십을 강조해 왔다. 그렇다면 이 같은 질문 리더십 아래서 조직을 더 효과적으로 리드하는 방법은 무엇일까? 이 질문에 답하려면 먼저 상황에 맞는 질문을 하기 어려운 이유를 이해하고 해결책을 찾아야 한다. 일반적으로 질문하기 어려운 이유는 다음과 같다.

첫째, 교육 방식이 다르고 경험, 기회, 훈련이 부족

21세기 수업 방식은 과거와 달리 많이 개선되었지만 내가 학교 다니던 1970~1980년대만 해도 학교의 학습 방법으로 교사나 교수의 일방적인 내용 전달이 몸에 배어 질문하는 데 익숙하지 않다. 학교 졸업 후 직장이나 사회에서도 질문하길 꺼리는 경향이 있다.

외국계 회사에서 해외 출장을 가 미팅이나 회의를 하면 어김없이 팀별, 조별로 분임 토의나 브레인스토밍에서 화이트보드나 대형 포스트 잇(Post-it)을 사용해 상호질문과 토론으로 도출한 결론을 팀별 발표와 토론을 거쳐 모든 팀이나 조의 공통 내용을 최종 결론으로 삼는다. 100% 일방적인 강연은 없다. 설령 강연 세션이 있더라도 반드시 활발한 질문을 통해 강연에서 나오지 않았던 내용을 새로 알거나 어설프게 이해한 것을 명확히 이해하는 과정을 반드시 거친다.

그런데 우리나라의 강연이나 미팅은 어떤가? 많이 변하고 있다지만 아직도 상당히 부족한 현실이다. 또한, 질문하는 훈련을 체계적으로 받아본 적도 없는 것 같다. 교육 방식부터 개선하는 것이 근본적인 해결 방안이겠지만 사회 전반의 변화가 필요해 많은 시간이 걸린다. 따라서 질문을 유형별,

상황별로 정리한 것을 참고해 몇 가지 공통적인 질문 패턴을 이해해 상황에 맞게 사용하면 큰 도움이 될 것이다.

둘째, '빨리빨리' 조급증

문제가 발생하면 즉시 해결하려고 하므로 지시하려는 유혹에 빠지는 경향이 강하며 오랫동안 해와서 익숙하고 습관에 젖어 있어 지시부터 내리게 된다. 또한 지시하면 시간이 훨씬 단축되고 일사불란하게 일이 추진되는 장점 때문에 지시형 리더가 있는 것이다.

사업 초반에는 이 같은 스피드가 위력을 발휘하지만 지시형 리더십의 한계, 즉 직원의 창의성과 혁신은 기대할 수 없고 수동적 사고의 결과가 능동적 사고의 결과보다 훨씬 나쁘다는 문제점을 절실히 깨달아야 한다. 즉 질문 리더십의 가장 큰 장점과 유용성, 즉 직원에게 질문을 통한 가치가 조직 내에서 실현되는 것을 보고 실제 성과를 듣고 느껴야만 그나마 조급증을 극복할 명분을 찾게 된다. 그렇다고 지시형 리더가 질문형 리더로 곧바로 바뀌어 기대하는 성과를 낸다는 말은 아니다.

셋째, 자기방어 기제

본능적으로 자신을 보호하려는 경향이 있는 것이다. 자칫 잘못 질문해 남들로부터 망신을 당하거나 잘못된 인상을 줄까 봐 두려워한다. 내용에 집중하지 못해 놓쳤거나 이해하지 못했을 경우의 질문에 되돌아오는 과거의 부정적 경험, 타인의 예리하고 상황에 적절한 질문과 비교되는 것을 피하려는 심리가 질문을 잘 못하게 만드는 요인이다. 심리적 대안은 "이 세상에 어리석은 질문은 없다. 어리석은 대답만 있을 뿐이다"라는 게 저자의 생각이다.

곰곰이 생각해 보면 의도나 목적이 불순해 골탕 먹이려거나 사기나 의욕을 꺾는 질문이 아니라면 회의·강연 내용을 놓쳤거나 이해하지 못한 내용이 궁금해 질문함으로써 이해했거나 해결되었다면 누가 뭐라든 자신과 조직에 도움이 될 것이다. 즉 수업 시간이든 유료 강연이든 모르고 지나가는 것보다 질문해 알고 이해했다면 그 시간의 가치는 충분하다.

질문형 리더의 입장이라면 업무 진행 상황을 점검할 때 목표 대비 부족이나 초과의 경우, 원인이 무엇인지, 대안은 무엇인지, 얼마나 많은 시간을 어떻게 분배했는지 궁금한 점을 솔직히 묻는다면 이 질문에 대한 자기보호가 왜 필요한지 되묻지 않을 수 없을 것이다. 그리고 단지 직원들의 답변이 힘들어 자칫 어리석은 질문을 연출하려는 것은 경계해야 할 뿐이다.

넷째, 기업 문화

먼저 기업의 회의 규칙이나 상황을 보면 알 수 있다. 회의 때 자리 배치가 학교 수업형인가, 원형 테이블로 구성되었는가, 참석자의 직급이 제한적인가, 직급과 상관없이 책임자라면 누구나 참석할 수 있는가, 임원만 발언하는가, 책임자가 발언하는가, 토론이 참석자 전원에게 허용되는가에 따라 리더의 구성이 지시형인지 질문형인지 알 수 있다.

회의 문화가 개방적이고 토론이 허용되었다고 해서 질문형 리더로만 구성되었다고 결코 말할 수 없다. 일반적으로 국내 기업은 대부분 질문을 권하는 문화가 아니고 업무 환경도 질문에 익숙하지 않다. 한마디로 경직되었음을 부인할 수 없다. 철저한 계층 구조이고 그 계층의 직위에 따라 명령과 복종에 익숙하고 다른 의견을 드러내는 것은 금기시되어 있고 지시·명령에 충실히 따르는 게 오히려 편하다고 생각하므로 이 같은 문화에서는 질문 자체가 어렵다.

대안으로 기업 문화를 바꿔 질문할 수 있는 환경으로 가장 빨리 변화시킬 수 있지만 기업 차원에서 전체적인 기업 문화를 변화시켜야 해 적잖은 시간과 노력이 필요해 오히려 어렵다. 따라서 회의 문화부터 변화를 시도하는 게 훨씬 쉽고 빠르다고 생각한다. 저자도 국내 기업 두 군데에 적용해 성공시킨 경험이 있다.

리더가 질문을 꺼리는 이유

앞에서 소개한 것이 한국인이 전반적으로 질문하길 어려워하는 이유라면 리더가 질문하길 꺼리는 이유도 분명히 있을 것이다. 여기서는 《애스킹》(테리 J, 파뎀, 쌤앤파커스, 2009)에서 언급한 몇 가지 이유를 살펴보자.

첫째, 적절한 질문을 제때 직원들에게 못했기 때문이다

"이것도 몰라?"라며 '이런 걸 물어보면 나를 멍청하다고 생각하겠지?'라고 주저해 질문할 타이밍을 놓친다. 사실 내가 그런 생각을 하는 동안 다른 사람도 같은 생각을 해 아는 척하는 경우가 대부분이므로 그 같은 두려움과 수치심을 버리기 바란다. 질문을 잘하는 비결은 자주 질문하는 것이다. 자꾸 하다 보면 요령과 기술이 생기므로 그런 생각에 사로잡혀 질문하지 않는 것보다 하는 게 훨씬 낫다.

둘째, 굳이 내가 하지 않아도 될 질문이라는 생각이 들었기 때문이다

직급이 뚜렷이 나뉜 회사에서 회의 시간에 궁금한 게 있는데 상대방이 대답하기 곤란하거나 당황할 수 있는 경우라고 생각한다면 때와 장소를 가릴 수 있겠지만 질문 자체를 아예 삼가는 것은 바람직하지 않다. 만약 '상사가 해야지, 내가 하기는 좀 곤란하다'라고 생각한다면 이 질문의 대답이 당장 비즈니스에 영향을 미칠지 자문해 보고 그렇다고 생각된다면 질문해야 한다.

셋째, 답을 이미 알고 있으니 질문하지 않아도 된다고 여겼기 때문이다

여기서 생각해 볼 것은 자신이 알고 있는 것이 과연 맞는

지 질문해봄으로써 다른 사람들을 환기·인지시키는 것은 아닌지, 당연한 질문에 예상하지 못한 대답을 들음으로써 가치가 배가되는 경우가 없는지, 직원에게 질문해 내가 생각하는 대답과 일치시켜 직원에게 만족감과 주인 의식을 갖게 해주는 것은 아닌지 등을 고려한다면 이미 알고 있다고 생각하더라도 질문해야 한다고 생각한다.

넷째, 급할 것 없으니 나중에 시간날 때 물어볼 심산이다

하지만 '나중'은 없다. 곧 잊어버릴 가능성이 크다. 당연히 물어봐야 할 것을 묻지 않아 결국 큰 문제가 될 수 있다는 생각이 들면 생각날 때 곧바로 질문하는 것이 자명하다.

다섯째, 쓸데없이 질문했다가 문제만 일으킬 것을 우려하기 때문이다

물론 그럴 수도 있다. 이 질문으로 파장을 불러 회사에서 잘릴 수도 있다면 그 각오까지 하고 질문하라고 강요할 수는 없다. 그러나 우리는 충분히 상식 수준에서 앞뒤 상황을 판단할 수 있으니 질문하지 않아 이후 회사를 더 큰 곤란에 빠뜨리면 절대로 안 된다.

여섯째, 지금까지 별일 없이 잘 지내 왔으니 그대로 넘어가도 된다고 속단하기 때문이다

결함이 너무 자주 발생해 일상이 되었거나 환경은 그렇지 않은데 오랫동안 별일 없어 일상화된 경우, 질문할 필요성을 못 느껴 오히려 나중에 큰 어려움이 생길 수 있다.

간단한 사례를 들겠다. 필자의 유리 성형 공장 환경은 모든 기계가 LPG와 산소가 결합된 불꽃이 24시간 가동되어 유리 성형제품인 앰플, 바이알이 생산되는데 지금까지 위기관리에 대한 질문이 없어 그 매뉴얼도 없고 연습도 하지 않고 20여 년을 보냈다.

나는 사장으로서 이에 대해 질문을 통한 필요성을 환기시켰는데 초반에는 완강히 거부했다. 명분은 오랫동안 아무 일도 없어 아무도 그런 질문을 안 하는데 왜 불필요한 일을 벌이느냐는 핀잔이었다. 그런 점에서는 그럴듯해 보였지만 나는 이런 질문과 요구를 하지 않아 화재, 폭발, 인명사고 등 불상사가 발생해 회사에 미칠 상상하기조차 힘든 영향을 들어 강력히 추진했다. 결국 화재가 발생했는데 위기관리 대응 매뉴얼대로 일사불란하게 대처했다. 25분 만에 초동 진압해 위기를 무사히 넘긴 것이다.

중요한 경영 요소

- 질문 경영

조직을 이끄는 질문 경영은 질문자도 질문받는 자도 변화시킨다. 질문 경영의 어려움을 극복하고 이뤄지고 있다는 것은 먼저 경청을 통해 이해한 부분에서는 그 결과나 성과가 도출된 이유를 물어보는 것이고 이해하지 못한 부분은 되묻는 과정을 거치고 있다는 뜻이다. 그 과정에서 질문자와 질문받는 자가 자연스럽게 질문의 유용성을 깨달아 질문은 중요한 경영 요소로 자리잡는다.

효과적인 의사소통을 위한 질문 요령

폐쇄형 질문과 오픈형 질문

질문은 폐쇄형 질문(Closed Question)과 오픈형 질문(Opened Question)으로 나뉜다. 폐쇄형 질문은 '예', '아뇨'로 대답이 간단히 귀결되는 질문이다. "식사하셨어요?", "이번 달 목표 달성은 했어요?", "어제 미팅은 예정 시간 안에 끝났나요?" 등이 '예', '아뇨'로 답하게 되는 질문이다.

오픈형 질문은 단답형 대답이 아니라 구체적인 대답으로 연결되는 질문이다. 5W(What, Where, When, Who, Why)와

1H(How) 여섯 가지 질문으로 시작된다. 이런 질문을 받은 답변자는 자기 생각을 표현하거나 상황을 구체적으로 묘사해가며 의사소통을 이어가야 한다.

오픈형 질문에서 질문형 리더는 가능하면 '무엇을(What)'과 '어떻게(How)'를 사용하는 것이 바람직하다. 화자의 생각이나 방법 등을 들을 가능성이 크기 때문이다. '왜(Why)'는 창의적인 아이디어를 도출해야 하는 상황에서는 효과를 발휘할 수 있지만, 남발하거나 맥락이 맞지 않으면 추궁하는 것처럼 들려 심리적으로 압박감을 줄 수 있으니 주의해야 한다.

질문 요령이라고 할 수는 없지만 상황별 질문을 이해하고 응용한다면 별로 어렵지 않을 것이다. 몇 가지 사례로 이 두 가지 질문의 차이점을 알아보자.

높은 실적을 올려주는 오픈형 질문의 힘

회의에서 사장이 참석자들에게 월 판매 목표치 진행 상황과 마감일까지 달성 가능 여부를 질문할 때 다음과 같은 3단계 오픈형 질문을 할 수 있다.

첫째, 이번 달 판매 목표와 현재 실적 대비 차이는 얼마 정도인가?

둘째, 이번 달 마감은 얼마로 예상하며 목표 대비 부족하다면 그 이유는 무엇인가?

셋째, 그 부족분을 채우기 위해 회사와 상사가 어떤 도움을 주면 되겠는가?

이같이 3단계 질문을 하면 직원은 자기 생각과 의지를 구체적으로 표현할 것이다. 직원의 이 같은 답변과 그 이유를 듣고 합당하다는 생각이 들면 리더는 마땅히 직원의 답변에 호응해 준다. 그럼 직원은 자신이 약속한 것이므로 자신이 대안으로 제시한 목표를 달성하기 위해 책임감 있게 다시 노력할 것이다.

내 경험상 리더가 오픈형 질문으로 답변을 요청하면 직원은 예상보다 늘 높은 실적을 올렸다. 직원은 현재의 어려움을 이해시켰고 그 과정에서 회사나 리더의 도움으로 자신의 역량을 확대할 기회를 스스로 잡았으므로 반드시 달성하기 위해 열정을 쏟기 때문이다. 그리고 이것이 직원의 역량을 10배 올리는 질문의 핵심이 된다. 대부분 목표 대비 실적이

미달할 것으로 예상되면 감정이 섞인 리더는 직원에게 "왜 이렇게 실적이 저조한가? 도대체 그동안 뭐한 거야? 달성하지 못하면 알아서 해"라고 질책하며 강압적인 질문·지시를 하면 직원은 일단 그 상황을 모면할 생각으로 최선을 다하겠다고 말할 게 뻔하다.

핵심은 현실을 말하게 하고 도움을 받아 재도전하게 함으로써 그 이상의 가치를 실현시키는 것이지 리더의 감정 풀이로 직원이 난처한 상황을 모면하기 위한 시간만 주고 위압감에 후환이 두려워 억지로 모면할 정도만 결과를 내는 것은 피해야 한다는 것이다.

고객을 유입·유지 시키는 질문

10배 실적을 올려주는 질문은 오픈형 질문으로 직원의 역량을 배가시키고 고객을 지속적으로 유입·유지시키기 위한 질문도 있다. 우리는 고객만족을 부르짖고 강조한다. 고객을 잃거나 유입하지 못한 기업은 결국 망하기 때문이다. 그럼에도 고객만족만 강조할 뿐 고객만족과 고객감동을 위해 큰 실천을 감동 있게 하진 못한다.

그 같은 경우, 우리는 질문해야 한다. '우리의 고객은 누구인가?', '그 고객 중 우리 제품·서비스를 계속 사용하는 이유는 무엇인가?', '그 고객 중 우리를 떠날 가능성이 있는 고객은 누구인가?', '이미 떠난 고객은 누구인가?', '떠난 고객이나 떠날 가능성이 있는 고객의 불평불만을 우리는 알고 있는가?', '그들의 불만 해소를 위해 우리는 무엇을 할 수 있는가?', '떠난 고객을 유입할 방법은 무엇인가?', '지금은 고객이 아니지만 미래에 우리 고객이 될 사람은 누구인가?', '이를 위해 우리는 어떤 노력을 하고 있고 어떤 노력을 할 수 있는가?' 고객은 늘 떠날 준비가 되어 있으므로 고객을 위한 질문을 통해 지속적인 관심과 배려를 해야 한다.

기업의 성과를
10배 올리는 질문

다음은 기업의 성과를 10배 올리는 질문이다. 신제품이나 새로운 프로젝트가 지연되어 비즈니스에 부정적 영향이 예상된다면 리더는 조직에게 다음과 같은 질문을 해야 한다.

'신제품 지연으로 전체 제품의 로드맵과 포트폴리오에 어떤 영향을 미치는가?', '매출에 어떤 영향을 미치는가?', '감수해야 할 비용은 얼마인가?', '경쟁업체가 조기 진입하면 우리 회사와 고객사에 어떤 영향을 미치는가?', '신제품 출시 우선순위를 조정하거나 대체 신제품을 조기 도입한다면 무엇을 고려하고 감내해야 하는가?', '지연을 앞당기려면 어떡해야 하는가?', '회사나 상급회사로부터 어떤 도움을 받아야 하는가?' 등을 질문해야 하고 프로젝트와 관련해 '지연 사유는 무엇인가?', '지연을 예상하지 못한 이유는 무엇인가?', '지연으로 인해 회사나 거래처에 어떤 영향을 미치는가?', '경쟁업체의 진입이 초래할 결과는 무엇인가?', '지연을 앞당기려면 어떡해야 하는가?' 등을 질문해야 한다.

그 일이 실패한 경우, '실패의 가장 큰 이유는 무엇이라고 생각하는가?', '어떤 점이 가장 아쉽고 안타까운가?', '실패에서 배우고 느낀 점은 무엇인가?', '자신이 사장이라면 두 번 다시 실패하지 않기 위해 무엇을 어떻게 해야 한다고 생각하는가?' 등을 물어야 한다.

대부분 '무엇을'과 '어떻게'를 사용하고 있다. 이 같은 질문을 통해 당사자의 생각과 의지를 불러일으켜 부정적인 영향을 현저히 줄이고 새로운 방안이 수립될 수 있다. 어차피 지연되고 실패했다면 이를 통해 배운 것(Lesson-Learned)이 있으므로 다음에는 이 같은 실수를 저지르지 않을 것이다.

기업 문화는 질문 경영의 토양이다

경영 철학과 경영 이념 실천 - 기업 문화 정착

어떤 기업이든 그 기업과 오너만의 경영 철학과 경영 이념이 있는데 그 철학과 이념을 실천할 문화를 갖고 전 직원이 실천하는 기업은 찾아보기 힘들다. 기업의 경영 철학과 경영 이념이 구호로만 존재할 뿐 구체적인 실행 방안과 일관성 있는 실천이 존재하는 기업은 드물기 때문이다.

설령 이 같은 경영 철학과 경영 이념을 실천하는 기업이 있더라도 문제는 또 있다. 정작 오너나 최고경영자 스스로 경영 철학과 경영 이념을 실천하지 않고 부하 직원들만 실천하는 것이다.

즉 최고경영자 자신이 경영 철학과 경영 이념을 정했기에 자신을 제외한 모든 대상에게 그에 따른 행동 양식으로 실천할 것을 지시한다. 그럼 임원들도 팀장과 직원들에게 또다시 지시한다. 결국 직원들만 행동해야 할 실천 대상이 된 것이다.

이 같은 방식으로는 어떤 경영 철학이나 경영 이념도 기업 문화로 정착될 수 없다. 꼭 기억해야 할 것은 문화로 정착하려면 반드시 최고경영자부터 지속적으로 실천해야 한다는 것이다. 따라서 그 기업만의 문화가 있고 위로부터 모범을 보이면서 오랫동안 정착되어 습관적, 지속적으로 실천되어야 수평적, 오픈 마인드로 원활한 소통이 이뤄져 그 문화가 정착된다.

시간이 필요한 인사 시스템 정착

경영 철학과 경영 이념을 세웠다면 그다음 단계는 그것을 실제로 조직에 접목하는 것이다. 그런데 이 일은 하루아침에 이뤄지지 않는다.

어느 날 최고경영자가 조직 성과의 '모범 사례'에 대한 외부 강연·교육을 받던 도중 모범 사례를 듣고 훌륭한 아이디어라고 자기 회사에 접목한다면 기대한 성과가 나올까? 성공할 수도 있겠지만 가능성은 매우 낮다. 그 기업의 다른 저변 문화, 조직 역량, 사고 등을 고려하지 않은 채 곧바로 실행하면 좋은 결과를 거두기 어렵다.

11년 전 국내 모 대기업 화재보험사가 존슨앤존슨의 훌륭한 인사 시스템을 벤치마킹해 실행했다가 결국 실패한 사례를 소개하겠다. 존슨앤존슨 영업 부서에서 편의점 본부를 관리하던 A 과장은 남다른 아이디어로 많은 성과를 낸 인재였는데 향후 경력 관리를 위해 마케팅 부서에서 일하고 싶어 한다고 가정하자.

회사의 절차는 마케팅 부서에 공석이 나면 자신의 부서 상사인 영업팀장이나 영업본부장에게 알릴 필요 없이 바로 인사부에 요청하면 된다. 그럼 인사부는 마케팅 부서장에게 A 과장의 의사를 알리고 그 부서장은 인터뷰 의사 여부 판단과 이후 합격·불합격 최종 결과를 인사부에 통보한다. 합격이라면 인사부는 영업팀장이나 부서장에게 A 과장이 며칠 날짜 부로 마케팅 부서에서 무슨 직무를 맡게 되었다고 알려주며 상사는 축하해 주고 인사부는 영업부의 공석 자리의 모집 절차를 밟는다.

불합격이라도 일체 과정은 비밀이고 설령 알려졌더라도 영업부 상사의 불이익이나 면박 등 일체의 간섭 행위는 철저히 금지되어 있다. 당시 매우 획기적이고 훌륭한 인사 제도였다.

'ㅈㅅ'일보 사회면에 이 제도를 모 화재보험사에서 도입해 실행했다는 기사가 났다. 하지만 6개월을 채 넘기지도 못하고 많은 부작용만 남기고 폐지되고 말았다. 인터뷰에 실패하고 다시 기존 부서로 돌아온 직원에게서 그 사실을 알게 된 부서장의 괘씸죄로 곤욕을 치른 경험, 성공해 타 부서로 간 직원에게는 "내가 너를 어떻게 키웠는데 한마디 상의도 없이 가? 너 잘되는지 두고 보겠다"라며 으름장 놓은 부서장들의 불만과 이 같은 비난을 들은 직원들이 그 절차를 포기하거나 타사로 이직하는 부작용이 있었다고 한다.

기업 저변 문화의 중요성

훌륭한 경영 철학과 경영 이념이 있다면 그것을 실천하는 행동규범이 있고 최고경영진부터 말단 직원까지 모두 실천하고 원활한 소통도 이뤄지고 직원을 존중하는 문화로 자리 잡아야 한다. 이 같은 문화로 정착되지 못하면 아무리 훌륭한 경영 철학 등 핵심가치도 구호에 불과하다.

존슨앤존슨의 '우리의 신조(Our Credo)'에는 네 가지 책임이 규정되어 있고 철저히 실천하는데 그중 두 번째 책임은 직원에 대한 책임으로 직원을 존중하고 개인의 성장을 위해 공정한 대우를 해줘야 한다고 되어 있다. 이 인사 제도가 존슨앤존슨에서 잘 운영되는 것은 두 번째 책임인 직원 개인의 경력 니즈에 집중해 직원을 존중하고 개인의 성장을 위해 회사가 전폭적으로 지원해 주는 문화가 뿌리내려 있기 때문이다.

또한, 직원의 성장 욕구가 좌절되어 타사로 이직한다면 그에 따른 손실보다 우리 회사의 타 부서에서 그 인적자원을 활용하는 것이 훨씬 이익이라는 점에 공감하고 있다.

이 사례에서 보듯이 회사의 저변 강령과 실천하는 회사 문화가 있고 그 문화를 받아들이며 실천하는 인력의 역량(Top Down)이 있을 때 비로소 성공 가능성이 있는 것이다. 하나의 제도가 그 회사에서 성공적인 모델이었다고 해서 그 제도가 우리 회사에서도 성공할 거라고 기대하는 것은 바람직하지 않다.

실천 문화가 필수다

가치관이 없는 사람은 세상을 살아가기 힘들고 고달프고 어떤 일을 결정할 때도 기준으로 삼을 만한 것이 없어 갈팡질팡한다. 기업도 마찬가지다. 경영 철학이나 경영 이념을 실천하는 문화가 없으면 조직을 이끌어갈 때 어느 깃발을 들어야 하고 직원을 독려할 때 어떤 기준과 판단으로 이끌어 나갈지 막막할 것이다.

기업 오너나 최고경영자의 질문 경영이 성공적으로 뿌리내리려면 지시보다 질문하는 기업의 실천 문화가 탄탄히 뿌리내려야 한다.

질문형 리더십의 대상, 시점, 태도

질문형 리더십의 탄력적 적용

지금까지 나는 질문 경영, 질문형 리더십의 장점과 그것이 조직과 직원에게 미치는 영향을 설명했다. 이같이 질문형 리더십은 장점이 많다. 그러나 질문의 목적, 사업 시점, 상황, 받아들이는 조직 역량, 문화, 질문자의 태도 등에 따라 동일하게 적용되거나 효과를 발휘하기 어려울 수 있으므로 어느 조직에서나 무조건 적용하라고 강요할 수는 없다.

이 방법이 효과를 발휘하는 데 전제 조건이 있다. 바로 수평적 조직, 오픈 마인드, 심리적 안정을 가질 수 있는 환경 등의 문화가 정착된 조직이어야 한다는 것이다. 이 같은 조직이 될 때 질문형 리더가 양산되고 조직의 혁신·발전도 기대할 수 있다. 질문형 리더십이 잘못 적용되면 조직의 발전은커녕 조직의 성과를 퇴색시킬 수도 있다.

또 하나는 조직 역량 중 개인차가 커 어떤 사람은 지시형으로, 어떤 사람은 하이브리드(질문과 지시 혼용)를 적용해야 하고 역량이 충분한 사람은 질문형으로 전환했을 때 전체적인 효과가 나타나고 점점 적응하므로 천편일률적으로 할 필요가 없다는 것이다. 한 가지 매우 재미있는 현상은 지시형으로 받고 있던 사람도 질문을 주고받을 때의 장점을 인식하므로 지시형에서 질문형으로 인정받기 위해 노력한다는 점이다.

리더십 발휘의 적기

질문형 리더는 조직 발전의 필수 불가결한 조건이다. 그러나 리더십을 갖추는 것 못

지않게 중요한 요소가 있다. 바로 리더십을 발휘하는 '시점'이다. 중소·중견기업의 초창기에는 직원들이 업무의 목적, 방향, 속도, 업무의 질적·양적 강약 등을 리더만큼 알지 못하므로 리더의 의도대로 일사불란하게 실행하려면 업무의 방향, 범위, 총량을 직원 각자의 역할을 정해 지시하는 것이 더 효과적일 수 있다.

다만 사업의 라이프사이클상 도입기에서 성장기로 진입하거나 경쟁이 너무 치열해 사장 개인의 지식과 아이디어만으로는 힘에 부친다고 생각되는 시점에 직원들의 주인 의식과 창의력을 이끌어내는 질문형 리더십 스타일이 훨씬 효과적이다.

반면, 조직 역량 면에서 질문형 리더십에 대한 이해가 부족하고 효과가 떨어지는 개인에 대해서는 지시형과 질문형의 혼합형 리더십이 더 좋은 결과를 가져올 때도 있으니 전 직원에게 항상 질문형 리더십만 적용해야 한다는 경직된 사고를 할 필요는 없다.

바람직한 질문 태도

질문자의 태도도 무척이나 중요하다. 올바른 방법으로 질문하지 않으면 오히려 역효과가 날 수 있기 때문이다. 리더들이 가장 많이 실수하고 잘못하는 질문 태도가 있는데 바로 '질문을 위한 질문'을 하는 경우다.

이는 대답을 듣기 위한 질문이 아니라 답변자를 '추궁'하기 위한 질문으로 받아들여지므로 역효과가 난다. 꼬리에 꼬리를 무는 '연쇄형 질문'도 피해야 하는데 질문자가 이를 피하려면 몇 가지 전제 조건을 갖춰야 한다.

첫째, 질문하는 리더는 자신이 아는 것과 모르는 것을 명확히 알아야 한다. 그리고 자신이 모르는 것은 진솔하게 질문하는 겸손을 갖춰야 한다. 이는 사람에 대한 존중이 깔려 있어야 가능하다.

둘째, 떠보는 듯한 질문을 던져선 안 된다. 질문자는 순수한 의도로 정말 알고 싶어 하는 마음에서 질문해야 한다. 특정 의제를 명확히 알고 싶어 깔끔히 정리된 답변을 요청한다고 분명히 전해야 한다.

셋째, 질문할 마음은 없는데 어쩔 수 없이 하는 인상을 주어선 안 된다. 이는 '요식행위로 받아들여질' 질문을 해선 안 된다는 뜻이다. 이런 식의 질문은 상대방이 금방 눈치채기 때문에 제대로 된 답을 들을 수 없다.

상사의 관심을 끄는 질문 - 세 가지 원칙

일반적으로 질문형 리더십은 상사가 부하 직원에게 발휘되는데 질문의 목적에 따라 부하 직원이 상사에게 할 때도 있다. 예를 들어, 강의실에서 수강자가 강연자의 관심을 끌어 강연자의 지인 명단에 포함되거나 고득점을 받고 싶을 때 하는 질문에는 세 가지 원칙이 있다.

첫째, 강연을 잘 듣고 나서 강연자가 시간이 없거나 놓치는 바람에 미처 말하지 못한 부분이 있는지 파악한 후 수강자는 자신이 듣고 싶어 하는 내용이 아니라 강연자가 말하고 싶어 하는 내용을 질문해 주는 것이다. 그럼 강연자는 매우 고마워한다. 질문해줌으로써 이심전심이 되어 강연이 잘

마무리되었다고 생각하기 때문이다.

둘째, 질문 내용이 쉬워야 한다. 철학이나 답이 모호한 질문을 하면 강연자는 매우 당황해 마무리가 어색해져 난감해질 수 있기 때문이다.

셋째, 강연자의 질문은 어디까지나 강연 내용과 관련 있어야 한다. 완전히 생뚱맞은 질문을 하면 가뜩이나 부족한 시간에 강연자와 수강자들로부터 핀잔을 들을 수 있다. 이 같은 세 가지 질문 원칙대로 부하 직원이 상사에게 질문하면 상사로부터 긍정적인 평가를 받을 수 있다.

질문 경영은
현재진행형

질문 경영의 핵심은 문제를 고민하는 질문을 직원의 답으로 돌려 긍정적인 효과를 거두는 것이다. 따라서 질문형 리더는 외국계 기업, 국내 기업, 남녀 비율, 위계질서와 상관없이 시도해야 한다. 지금까지 '참기 어렵다', '지시형에 익숙하다', '질문이 어렵다', '질문 방법을 모른다', '질문하기 싫다' 등의 핑계로 끈기 있게 실천하지 못한 경우가 다반사였다. 질문 경영을 해야 하는 이유와 목적이 분명하다면 시행착오도 겪고 배워가며 끈기 있는 실천이 현명한 길임을 다시 한 번 강조한다.

TOO SIMPLE !

TOO POWERFUL !

TOO EASY !

TOO SIMPLE !

TOO POWERFUL !

TOO EASY !

4장

10배 성장을 일으킨 질문 경영 사례

질문 경영을 통한 성공적인 후계자 양성

개별 인터뷰를 통해 알게 된 최우선 과제

2016년, 필자가 바이알, 앰플, 카트리지 등을 하루에 백만 개 이상 생산하는 회사의 사장으로 부임했을 때 일이다. 부임 후 보름 정도 지나서 공장 각 부서 주요 직원 서른여덟 명과 개별 인터뷰를 했다.

인터뷰 질문 중 하나는 "앞으로 1년 안에 우리 회사가 당면할 가장 큰 문제는 무엇인가?"였다. 대답자의 약 90%가 기술자 후계 양성이 안 되어 자칫 기계가 멈출 수도 있다며 걱정했다. 이 산업은 기술이 너무 중요해 당연히 기술자 문제는 없을 것이고 미래에 대비해서도 이미 후계자가 양성되고 있을 거라고 생각했는데 그렇게 많은 직원이 당장 닥칠 위기로 이 문제를 걱정해 많이 놀랐다.

필자가 해결해야 할 최우선 순위 일이었다. 그래서 기술자 후계 양성이 어떻게 되어 가고 있는지 공장장에게 물어보니 이미 수 년 전부터 이 문제가 심각해 젊은 직원들에게 기술을 전수할 것을 부장급 기술자들(경력이 30여 년 이상 된 50대 중후반)에게 지시해 시도하는 중이었다.

그런데 요즘 젊은 직원들은 3D 업종 기술을 배우고 싶어하지 않는다고 했다. 경력이 풍부한 나이 든 기술자들이 젊은 직원들을 가르치다가 가끔 답답한 상황이 생기면 과거에 배운 방식으로 거친 언행을 해 젊은 기술자 후보가 배우다가 포기하는 시행착오를 겪고 있다는 것이다. 그럼에도 포기할 수 없는 일로 솔직히 스트레스를 많이 받고 있다고 대답했다. 참으로 안타까운 일이지만 어쩌면 당연한 일이었다. 지시형 리더십 경영에서 너무나 자연스럽게 나올 수 있는 일이기 때문이다.

이 기술은 자동화 기계에 유리관을 넣으면 각기 다른 불꽃 36단계 공정(산소, LPG, 수소 혼합 및 불 강도 조절)을 거쳐 성형되는 과정이 핵심기술인데 경력과 감각으로 생산성을 높이는 것이어서 매뉴얼도 없고 만들기도 매우 어려운 것으로 받아들여 경력이 많은 기술자에게 의존하면서 40여 년을 끌어온 상황이었다.

최우선 과제 해결을 위한 세 가지 질문

이 문제를 해결하려면 질문을 통해 그들의 의견을 듣는 것이 가장 중요하므로 공장장(전무)에게 부장급 기술자 네 분(바이알 두 명, 앰플 두 명)과의 회의를 주선할 것을 요청했다. 총 여섯 명이 참여한 회의에서 오늘 이 모임의 배경과 목적을 설명하고 세 가지 질문을 던졌다.

첫째, 전직 사장님과 공장장이 젊은 직원들에게 기술을 전수할 것을 지시했다는데 지금까지 가시적 성과가 없는 이유는 무엇인가?

둘째, 기술을 전수하려면 기술 단계와 기간이 얼마나 소요되는가? 그리고 이 과정을 성공적으로 거쳤다면 부장님들의 기술 정도에 비하면 몇 퍼센트가량 되는가?

셋째, 순조로운 후계자 양성을 위해 회사는 무엇을 해주면 되는가?

첫 번째 질문의 대답은 사장님 지시대로 기술을 열심히 전수 중인데 젊은 친구들이 배우려는 의지가 약하고 적극성이 부족해 작은 질책이라도 하면 회사에 출근하지 않고 배울 젊은 직원들 충원도 어려워 시간만 허비하고 있었다.

두 번째 질문의 대답은 기초, 중급, 고급 3단계로 나누어 각 6개월씩 1년 6개월이 소요될 것 같고 전 과정을 패스하면 80%가량 도달할 것 같다는 것이었다.

세 번째 대답은 쉽게 표현하지 않았다. 솔직히 말해달라고 재촉했지만 정말 기나긴 인내의 시간이 필요했다. 좀처럼 속마음을 드러내지 않고 심지어 가장 기술이 뛰어나고 말이 거친 모 부장이 필자에게도 1년가량 하다가 그만둘지도 모르는데(위탁 사장의 한계) 굳이 말해봐야 소용이 있겠냐고 되물었다.

안 좋았던 과거의 경험이 머리속에 가득 차 있었음을 알면 이해할 수도 있었겠지만 솔직히 내 마음은 불편했다. 그분들의 속마음을 알고는 있었지만 그분들이 드러낸 속마음을 이어받아 결론을 맺어야만 실행력이 있으므로 말할 때까지 설득하며 기다렸다.

결국 그분들의 의견은 "우리가 어떻게 배운 기술인데 상사가 지시한다고 쉽게 가르쳐주면 우리 가치가 떨어질 것이고 나이 들었다고 토사구팽 당할 게 뻔한데 적극적으로 가르치겠는가? 더구나 술먹고 행패부리고 늦게 출근한 적도 있어 미움을 많이 샀는데……"라는 것이었다.

또한 필요한 것이 무엇인가에 대한 요구사항이 계속 나왔다. "학벌이 없다는 이유로 수십 년 동안 부장 대우를 받는 것이 서럽고 주말에 기술을 전수하려면 인센티브도 주면 좋겠다" 등의 의견이었다.

어찌 보면 당연한 그들의 속마음을 경청한 후 어려운 이야기를 해줘 고맙고 사장으로서 어려움이 있을 수 있지만 3단계로 나누어 기술 후계자를 성공적으로 양성하면 네 가지를 부여하겠다고 약속했다.

첫째, 기술을 전수하더라도 절대로 토사구팽 당할 염려가 없도록 종신고용 계약을 맺겠다.

둘째, 학벌 문제로 명예를 얻기 어려웠던 기술 명장 칭호와 상패를 부여하겠다.

셋째, 단계별로 성공을 이룰 때마다 일정한 포상금을 지급하겠다.

넷째, 원한다면 자기 이름으로 앰플과 바이알의 제작 비법 책을 발간해 주겠다.

또한 기술을 전수받는 사람에게도 단계별로 포상금을 지급하기로 했다. 기술을 습득하면 일계급 특진시켜 주겠다고 제안했다.

궁극적으로 회사는 지속적으로 성장해야 하므로 무엇보다 기술 전수가 원활히 이루어지는 시스템이 가동되면 기술을 전수하는 분들은 기술 명장으로서 생산 활동에 집중하기보다 기술 자문 및 전수가 주요 활동이 되어 육체적, 시간적으로 더 여유로워진다고 강조했다.

결국 이 제안은 회장님 승인(예산 1억 5천만 원 이상, 파격적 혜택)을 받아 6개월 단위로 3단계 프로그램으로 진행했는데 결과는 대성공이었다. 3개월가량 실행하니 소문이 퍼져 기술을 배우겠다는 젊은 친구들이 늘어났다. 부장들이 자비로 고기를 사주며 휴일에 불러 정성껏 기술을 가르쳐야 하는데 어떻게 험한 언행을 할 수 있겠는가? 오히려 잘하는 점을 칭찬하며 자기 아들처럼 대해줘야 기술자가 궁극적으로 원하는 것을 얻지 않겠는가.

바이알, 앰플 팀에서 각각 2조씩 시작했는데 1년 6개월 후 3조가 성공해 세 명의 젊은 기술자가 탄생해 회사 걱정거리가 해결되었고 기술자도 신구 조화를 이루며 2기 기술 후계자 프로그램이 가동 중이다. 동종업계 세 개 경쟁사도 똑같은 상황이어서 이 프로그램이 소개되어 같은 고민거리가 해결되었다고 한다.

결과를 놓고 보면 어려운 일도 아닌데 이 같은 시도와 프로그램을 왜 아무도 생각하지 못했을까? "이렇게 파격적인 지원을 해주는 프로그램이라면 누가 못해?"라고 질문한다면 이 일은 결코 능력의 문제가 아니라 지시 경영에서는 아무도 보거나 해본 적 없었을 뿐만 아니라 종신고용과 막대한 예산이 들어가는 일을 시도조차 안 할 거라고 필자는 생각한다. 결국 지시보다 상대방에 대한 배려를 먼저 생각했거나 그들의 숨겨진 진실을 '왜, 무엇을, 어떻게'라는 질문 경영을 통해 들었더라면 위와 같은 프로그램이 똑같진 않겠지만 유사한 것이 실천 방안으로 도출되었을 것이다.

성과의 비결
– 일의 가치와 의미 부여

코로나19 속에서 생존한 비결

2020년 4월 1일부로 필자는 같은 그룹 내 P사의 조직 안정화 및 2022년 상반기 내 상장(IPO) 임무를 부여받았다. 당시 코로나19(COVID-19)의 영향을 직접 받았고 전임 사장의 불명예 퇴진으로 수많은 쟁점이 산적해 있었다. 많은 어려움 속에 2020년 매출이 전년 대비 53%나 증가한 것은 S사로부터 코로나19 항체, 항원 키트 임가공 사업을 수주한 덕분이었다.

4월 중순, 양 그룹 회장 간 구두 협의로 불과 한 달 만에 일사천리로 공장설비를 갖추고 생산을 시작한 것도 대단하지만 시작 8개월(약 3천만 개 조립 생산, 도급 직원 평균 200명 고용) 만에 임가공 다섯 개 회사 중 납품 합격률(200롯트 생산물) 100%를 기록한 유일한 회사였고 생산성도 가장 높아 위탁사 회장님도 칭찬하며 그 비결을 궁금해했다. 그 비결은 무엇이었을까?

이직률을 낮추는 가장 확실한 방법

정답은 의외로 간단하다. 단순한 임가공 작업일수록 작업자 이직률(퇴사율)을 낮추는 것이 불량률을 줄이고 생산성을 높이는 핵심 비결이다. 그렇다면 이직률을 줄일 방안은 무엇일까?

도급 직원일수록 일에 의미와 가치를 부여해 주고 작은 지원을 통해 관심과 공감대를 형성하는 것이 아르바이트와 단기간 근무에서 이직률을 줄이는 중요한 비결이라고 생각했다. 따라서 법적으로 원청사인 우리가 직접 관리할 수는 없지만 사장인 필자가 도급생산 직원분들에게 그들 일의 속성과 가치, 의미를 손수 강조했다.

“여러분의 항원 키트 조립 업무는 단순한 일이 아닌 전 세계 인류를 구하는 매우 중요한 일입니다. 조립 과정의 실수는 자칫 음성자가 양성자로 나오거나 양성자가 음성자로 나올 수 있어 생명을 위태롭게 하므로 여러분은 인류를 구하는 분들입니다.”

직원들에게 일의 가치를 부여하는 동시에 그같이 소중한 일을 하는 분들의 건조한 환경(보통 습도는 약 60도가 정상인데 우리 환경은 20도 이하로 유지되어야 한다)에서 얼굴을 보호하라고 마스크 팩을 제공했다. 또한 작업 시 손목을 많이 쓰고 계속 집중하면서 눈을 사용하기 때문에 휴게실에 손 마사지기, 눈 피로 풀기 마사지기, 어깨 마사지기 등을 구비해 자유롭게 사용하게 했다. 창립기념일이나 추석 명절 때는 선물도 챙겨 주는 등 작지만 정서적 유대감을 쌓는 데 관심을 가진 것이 주요 비결이었다.

직원들에게 주는 것에 스토리가 담겨 있다면

이때 작은 지원 때마다 스토리가 있어야 한다. 이렇게 소중한 일을 하는 분들이 회사에서 얼마나 귀중한가? 여러분은 소중하므로 얼굴을 가꾸고 손, 눈, 어깨도 관리해야 한다고 강조했다. 이 같은 일들은 월 2회 짧은 조회 시간에 정기적으로 시행해 존중받고 있음을 각인시키는 것이다. 그럼 그분들의 소속감과 자긍심이 높아져 퇴사율이 급감해 반복적인 일상 업무에 익숙해져 조립 속도가 빨라지고 품질 문제도 해결되는 것이다.

사실 회사 지원비는 미미하지만 그분들이 느끼는 가치는 상상을 초월한다. 화장실에 가다가 가끔 그분들과 마주치면 몇 분은 "사장님! 인류를 구하는 손입니다!"라며 손으로 하트를 날려줬다. 이렇게 되면 품질·생산성 경쟁은 이미 끝난 게임이다.

질병과 관련된 제품 생산에만 이런 스토리를 사용할 수 있는 것이 아니다. 다음은 강의를 듣고 실천한 봉제 공장 사장님의 사례다.

예쁜 아동용 인형을 만드는 봉제공장에서 수작업으로 인

형에 눈을 붙이고 봉제 작업을 마무리하는 도급 직원들과 사업하시는 사장이 직원들에게 "여러분은 단순히 인형 눈을 붙이는 사람들이 아닙니다. 이 인형을 소중히 갖고 노는 어린이들에게 꿈과 행복을 전하는 행복 전도사입니다"라고 의미와 가치를 부여한다면 직원들은 어떤 마음을 가질까? 자부심을 가진 직원들이 만드는 인형들에서 불량품이 나올까?

질문 경영에서는 어렵지 않다

위 사례에서 좋은 결과를 가져온 비결은 생각해 내기 어려운 것인가? 결코 그렇지 않다. 알고 보면 너무나 쉽고 아무나 할 수 있는 일이다. 그런데 왜 잘 안 될까? 필자는 지시형 문화나 사고에서는 상당히 어려운 일이라고 결단코 생각한다.

질문 경영의 성과로 매월 경영회의에서 다룰 핵심 내용의 우선순위 10가지를 정해 스코어 카드로 만들어 일목요연하게 점검하는 시스템을 이곳에도 접목했다. 회사 운영의 10가지 핵심을 정해 각 부서장의 핵심 KPI(Key Performance

Indicator)로 관리한 결과, 엄청난 성과(95%가 초과 달성으로 녹색 표시)를 올렸는데 이 같은 성과는 20여 년 동안 전 회사에서 관리해온 필자도 처음 본 결과물이었다. 매출액은 189억 6천만 원으로 전년 대비 53% 성장했고 영업이익은 적자에서 43억 원으로 매출액의 22.6%를 차지했다.

참고자료

- IGM 세계경영연구원, 《세상의 모든 CEO가 묻고 싶은 질문들》, 위즈덤하우스, 2012.
- 마이클 J. 마쿼트, 《질문 리더십》, 최요한 역, 유순신 감수, 흐름출판, 2006.
- 에드거 샤인·피터 샤인, 《리더의 질문법》, 노승영 역, 심심, 2022.
- 존 코터, 《기업이 원하는 변화의 리더》, 김영사, 2007.
- 짐 콜린스, 《좋은 기업을 넘어 위대한 기업으로》, 이무열 역, 김영사, 2002.
- 테리 J. 파뎀, 《애스킹 Asking》, 김재명 역, 쌤앤파커스, 2009.
- 한근태, 《고수의 질문법》, 미래의창, 2018.
- 마이클 J. 마쿼트 《질문 리더십》의 서진영의 서평
- 2005~2013 Johnson & Johnson Consumer Korea 성과 자료
- 두산백과
- 조선일보 기사 2015년

애프터 코로나 비즈니스 4.0

선원규 지음 | 18,000원

강력한 생태계를 만들어가는 플랫폼 사이에서 생존하는 콘텐츠를 발견하라!

앞으로의 미래 시장에서 살아남으려면 플랫폼과 콘텐츠 중에서 어떤 것에 중점을 두어야 할까? 이 책은 이 문제에 대해 해결점을 찾아갈 수 있도록 플랫폼과 콘텐츠를 자세히 다루고 있다. 현 사회와 플랫폼과 콘텐츠의 상관관계를 이야기하며 플랫폼과 콘텐츠 사업모델의 다양한 종류를 소개한다. 또한 어떻게 해야 강력한 플랫폼과 콘텐츠를 만들 수 있을지 그 전략을 설명하며 앞으로의 미래 시장의 전망을 다루고 있다. 이 책을 통해 수많은 콘텐츠가 유입되는 사랑받는 플랫폼, 플랫폼의 러브콜을 받는 콘텐츠를 개발할 수 있을 것이다.

사장 교과서

주상용 지음 | 14,500원

사장, 배운 적 있나요?
경영 멘토가 들려주는 사장의 고민에 대한 명쾌한 해법

대기업과 달리 중소기업의 사장은 대체할 수 없는 리더십이다. 따라서 조직의 성과를 높이고 효율을 증진시키기 위해서는 누구보다 먼저 사장 자신의 효율성이 높아져야 한다. 이 책에서는 기업 CEO들의 생각 친구, 경영 멘토인 저자가 기업을 성장시키는 사장들의 비밀을 알려준다. 창업 후 자신의 한계에 부딪혀 성장통을 겪고 있는 사장, 사람 관리에 실패해 재도약을 준비하고 있는 사장, 위기 앞에서 포기하기 직전에 있는 사장, 향후 일 잘하는 사장이 되려고 준비 중인 예비 사장들에게 큰 도움이 될 것이다.